KB059658

게임 체인저! 이 책을 읽기 시작한 지 24시간 안에 나는 원격 비서를 고용했다. 나는 사업을 하면서 부적절한 업무에 치중하고 있었고 이는 개인적으로나 직업적으로나 피해를 주고 있었다. 이 책은 게임 체인저다. 무엇을 거절하고 위임해야 할지 알려준다.

—애덤

경이로운 책. 이 책은 내 비전을 완전히 뒤집어 놓았으며, 팀워크를 맞추면 혼자 할 수 있는 것보다 많은 것을 달성할 수 있디는 건해를 갖게 했다. 성공을 원하는 사람이라면 꼭 읽어야 할 책이다.

—애드리안 포터

나는 정말 재미있게 이 책을 읽었다. 주를 달고, 강조 표시를 하고, 성찰하면서 한 장 한 장 읽었다. 나는 분기마다 경영서를 한 권씩

읽는데 이 책은 요 몇 년 사이에 읽었던 책 중에서 가장 좋았다. 나는 이 책을 읽고 나서 더 나은 사업주와 리더가 될 수 있을 거라는 확신이 들었다.

—데릭 워즈

이 책을 읽으면서 인간관계의 역동성과 그것이 가진 힘과 자유를 체득했다. 또한 특정 상황에서 적합한 인재를 식별하는 방법에 대한 단서도 얻었다. 쉽게 읽히면서도 통찰력 있는 이 책을 여러분도 재미있게 읽기를 바란다!

—오스카 캠포스 콘잘레스

업무를 놓기 어려워하는 팀원, 특히 리더들에게 꼭 맞는 메시지를 담고 있다. 자신이 직접 일해야 한다고 생각하지만 적합한 사람을 고용하면 회사가 더 큰 성공을 거두고 수익성이 높아질 때가 많다. 이 책은 빠르게 읽히면서도 훌륭한 통찰을 담고 있다.

—MGD

'어떻게'가 아니라 '누구'를 찾으라는 것은 경탄스러우면서도 간단한 개념이다. 나는 나보다 일을 더 잘하는 사람들과 협업하는 대신 혼자 힘으로 몸이 축나도록 일해왔다. 문제가 있다면 25년 전에 이를 활용할 수 있었으면 좋았으리라는 점뿐이다.

—리사 치니

이 책의 핵심은 자유다. 이 책의 원칙들은 시간, 경제, 관계, 목적의 네 영역에서 더 자유롭게 해준다. 누가 이를 원하지 않겠는가? 이 책을 읽고 더 크고, 더 풍요롭게, 더 즐거운 미래로 가는 확실한 길을 만나보라.

—브라이언 러셀

이것은 자신의 삶뿐만 아니라 생각하는 방식을 개선하려는 모든 사람에게 아주 좋은 책이다! 누가 나를 도울 수 있는지 그리고 내가 다른 사람들을 어떻게 도울 수 있는지 배운다면 과거에서 더 큰 미래를 창조할 수 있는 놀라운 도구가 된다!

—owensfam2000

완벽주의자이고 다른 사람들에게 도움을 청하기를 좋아하지 않는 나에게 이것은 어렵지만 좋은 책이었다. 이 책은 현명한 업무 위임의 효과를 이야기하고 이를 실행한 훌륭한 사례를 제시한다. 강력히 추천한다.

이것은 모든 사업주가 갖추어야 할 가장 중요한 전략이다. 가장 중요한 것은 당신이 아니다. 어떤 문제나 기회가 생겼을 때 가장 먼저 생각해야 할 것은 '누가' 이것을 해결할 수 있는가다. 이 책은 비즈니스의 급격한 성장을 위한 전략을 쉽게 이해되도록 요약해 준다.

더 많은 일을 하고 더 많은 것을 성취할 힘을 우리에게 주는 것은 바로 협력자들이다. '어떻게'만 생각할 때 우리 자신을 한정하고 해결 가능성을 제한한다. '내가 원하는 것들' 일지를 쓰기 시작하고 그 비전을 뒷받침해 줄 적절한 협력자를 찾아야 한다.

이 책은 체임 체인저가 되어줄 사고방식을 담고 있다. 리더들의 리더인 댄 설리번의 이 책을 추천받아 감사하게 생각한다. 한 번 더 죽 읽어봤는데 이번에도 처음 읽었을 때만큼 많은 것을 배웠다.

누구와 함께 일할 것인가

누구와 ——— 함께
일할 ——— 것인가

재능·노력·운보다 강력한 '사람'의 힘

댄 설리번·벤저민 하디 지음 | 김미정 옮김

WHO NOT HOW

비즈니스북스

옮긴이 | **김미정**

서울대학교 사회교육과에서 학사 및 석사 학위를 받았고 미국 일리노이대학교에서 교육심리학 박사과정을 수료했다. 10년 이상 영상번역가로 활동했으며 현재 바른번역에 소속되어 활동 중이다. 옮긴 책으로는 《그릿 GRIT》, 《마지막 몰입》, 《최고의 변화는 어떻게 만들어지는가》, 《자본주의 대예측》, 《톰 피터스 탁월한 기업의 조건》 등이 있다.

누구와 함께 일할 것인가

1판 1쇄 발행 2023년 8월 22일
1판 4쇄 발행 2024년 2월 6일

지은이 | 댄 설리번, 벤저민 하디
옮긴이 | 김미정
발행인 | 홍영태
편집인 | 김미란
발행처 | (주)비즈니스북스
등 록 | 제2000-000225호(2000년 2월 28일)
주 소 | 03991 서울시 마포구 월드컵북로6길 3 이노베이스빌딩 7층
전 화 | (02)338-9449
팩 스 | (02)338-6543
대표메일 | bb@businessbooks.co.kr
홈페이지 | http://www.businessbooks.co.kr
블로그 | http://blog.naver.com/biz_books
페이스북 | thebizbooks
ISBN 979-11-6254-342-9 03190

비즈니스북스는 독자 여러분의 소중한 아이디어와 원고 투고를 기다리고 있습니다.
원고가 있으신 분은 ms1@businessbooks.co.kr로 간단한 개요와 취지, 연락처 등을 보내 주세요.

차례

제4부　목적의 자유

부와 성공을 위해
사람보다 강력한 무기는 없다

역사상 가장 위대한 농구선수라 할 수 있는 마이클 조던은 NBA에 입단한 후 6년 동안 챔피언 결정전에서 단 한 번도 우승하지 못했다. 조던이 선발됐던 1984년부터 세 시즌 동안 시카고 불스는 플레이오프 1라운드에서 패했다. 조던은 리그 최고의 선수들 가운데서도 가장 독보적인 선수로 부상했지만 플레이오프에서 승리는 그의 편이 아니었다. 이런 이유로 구단은 조던 혼자서는 챔피언 결정전 우승을 거머쥘 수 없다고 판단했다. 마이클 조던이 개인 기량 면에서 최고임은 분명했지만, 우승하기 위해서는 지원이 필요했다. 즉 우승할 방법이 아니라 우승하기 위해 함께 뛰어줄 사람이 필요했던 것이다.

마이클 조던의 진정한 탁월함은 어디에서 나왔을까?

1987년 불스는 원래 시애틀 슈퍼소닉스에 선발됐던 신인 선수 스카티 피펜Scottie Pippen을 트레이드했다. 피펜은 조던의 완벽한 협력자였고, 조던의 공격적 플레이와 승부욕을 빠르게 받아들였다. 피펜은 조던이 수비와 공격 양면에서 기량을 높이도록 밀어붙였다. 그뿐 아니라 개인 플레이형 선수에서 팀 플레이어로 발전하는 데도 도움을 주었다. 그 후 어떤 변화가 나타났을까?

두 선수가 함께 뛰었던 첫 시즌에서 불스는 플레이오프 2라운드까지 진출할 수 있었다. 다음 두 시즌인 1988년과 1989년에는 2라운드에서 경험이 더 많고 신체 조건이 더 좋은 디트로이트 피스턴스에 패했다. 이는 엄청난 타격이었다. 그러나 이러한 '실패들'은 조던과 불스가 궁극적 목표에 더 전념하게 만드는 자극제가 되었다.

1989년이 되자 누가 최고의 농구선수인지에 대한 논란은 더 이상 없었다. 개인적 재능 면에서 마이클 조던은 최고였다. 그리고 피펜의 도움으로 불스는 이전의 정체 상태를 돌파하고 다음 단계로 나아갔다. 하지만 조던의 신들린 능력에도 불구하고 불스는 또 다른 벽에 부딪혔다. 피스턴스는 조던이 공을 잡을 때마다 두세 명이 달라붙는 '조던 규칙'을 개발해 역공했고, 조던이 플레이에서 배제되는 순간 불스가 이길 가망은 전혀 없었다. 시카고 불스는 조던의 단독 플레이 '방법'들이 아니라 함께 경기를 풀어갈 또 다른 '누군가'가 필요했다.

1989년 필 잭슨Phil Jackson이 시카고 불스의 감독이 되었다. 잭슨은 조던의 초인적 재능에만 의존하지 않고 팀에 기반한 전략이 필요하다고 판단했다. 그래서 잭슨은 트라이앵글 오펜스triangle offense, 즉 패스와 스틸로 선수들이 슛을 쏠 수 있는 공간을 확보하는 전술을 수립했다. 책임을 혼자 짊어지지 않고 분담함으로써 조던은 올어라운드 플레이어로 성장했다. 책임 분담을 통해 조던의 비전은 더욱 확장되었다. 그리고 불스는 훌륭한 팀과 코치가 함께한다면 진정 특별하고 독특한 무언가를 창조할 수 있음을 깨달았다.

잭슨이 감독으로 부임한 첫해에 불스는 훨씬 나은 팀으로 성장하며 55승 27패의 기록으로 시즌을 끝냈다. 거기서 멈추지 않았다. 시카고 불스는 구단 역사상 최고의 기록을 세우며 1991년 NBA 시즌을 끝냈다. 그들은 61승 21패의 기록을 세웠고 동부 콘퍼런스 결승에서 숙적인 피스턴스를 4승 0패로 완파했다. 그런 다음 불스는 NBA 최종전에서 매직 존슨이 이끄는 로스앤젤레스 레이커스를 꺾었다. 그 시즌에 마이클 조던은 두 번째 NBA MVP를 수상했고 첫 챔피언십 우승을 거머쥐었다.

　1991년부터 1998년까지 시카고 불스는 여섯 번의 우승을 차지해 스포츠 역사상 가장 위대한 명가 중 하나가 되었다. 어떤 사람들은 "마이클 조던은 역사상 가장 위대한 선수는 아니라 해도 가장 위대한 농구선수임에는 틀림없다."라고 말한다. 하지만 조던이 모든 것을 혼자 하려 했다면 어땠을까? 한두 번 정도는 우승했을지 모르지만 이토록 놀라운 성과를 내며 전설로 부상하지는 못했을 것이다. 조던의 진정한 탁월함은 천재 코치가 이끄는 팀에서 팀 플레이어로 변신했을 때만 발휘되었다.

　중요한 사실이 하나 더 있다. 조던이 선수로 뛰던 기간 대부분 팀 그로버Tim Grover가 개인 트레이너 및 훈련 코치를 맡았다는 점이다. 그로버는 인간의 생리와 수행 능력에 대한 전문 지식을 갖고 있었다. 그로버가 지닌 탁월한 전문 지식은 조던이 자신의 한계와 약점을 뛰어넘기 위해 절대적으로 필요한 요소였다. 그리고 이는 조던이 약점을 극복하고 강점을 키우는 데 상당한 도움을 주었다. 이처럼 조던이 오랫동안 뛰어난 개인 기량을 보여줄 수 있었던 가장 큰 이유는 효과적인 코칭과 훈련을 받는 데 엄청난 투자를 했기 때문이다.

　마이클 조던의 이야기는 더 높은 수준의 성취와 성공을 추구하는 모든 사람에게 여러 가지 중요한 통찰을 전해준다. 그중 가장 중요한 교훈은 조던이 모든 걸 혼자서 해내지 않았다는 점이다. 그의 잠재력은 타고난 것으로만 발현되지 않았다. 주변 환경은 물론 함께하는 사람들을 통해 발현될 수 있었다. 마이클 조던은 팀, 코치, 그리고 경험을 통해 새롭게 변화하고 발전해나갔다.

이는 다음과 같은 질문을 하게 한다. 지구상에서 가장 위대하고 가장 의욕적인 운동선수 중 한 명인 조던이 목표를 달성하고 뛰어넘기 위해 방법이 아니라 사람(처음에는 피펜, 나중에는 그로버와 잭슨)이 필요했다면 당신과 나도 마찬가지 아닐까? 이러한 소중한 통찰을 얻은 후 '어떻게' 일할지에서 '누구'와 함께 일할지로 사고를 전환한다면 우리에게 어떤 변화가 생길까? 우수한 다른 사람들에 의해 당신의 능력과 잠재력이 확장된다면 무엇이 가능해질까?

잠시 당신의 삶을 들여다보라. 당신은 이런저런 이유로 분명 많은 짐을 혼자 짊어지려 할 테지만 그래선 안 된다. 마이클 조던도 혼자서는 우승은커녕 결승전 진출도 할 수 없었다. 그런데 어째서 당신은 혼자 목표를 추구하려 하는가? 물론 마이클 조던이 달성하려던 목표는 엄청난 것이었다. 여섯 번은 고사하고 한 번의 NBA 챔피언십 우승도 매우 어려운 일이니 말이다. 그러나 조던보다 목표가 작다고 해도 혼자서 모든 걸 할 수는 없으며 그럴 필요도 없다. 이는 다음 질문으로 이어진다.

더 크고 원대한 목표를 달성하려면?

당신에게는 혼자서 할 수 있는 것 이상의 관점, 자원, 능력을 제공해줄 사람들이 있는가? 아니면 당신 혼자서도 달성하기 쉽도록 작은 목표만을 유지하고 있는가? 당신은 모든 짐을 지고 피, 땀, 눈물을 쏟으며 능력을 증명해야 할 사람이 정말로 자신이라고 생각하는가?

스스로를 통제하고자 하는 성취 의욕이 높은 사람들은 어떻게 일할지에 초점을 두는 경향이 있다. 하지만 노력을 확대해 승리하는 팀을 만들려면 취약한 부분을 찾아내어 보강해야 하고, 팀원들 간에 신뢰가 필요하다. 먼저 다른 사람들이 그 일을 감당할 능력이 충분하다는 걸 믿어야 한다. 다음으로 당신의 노력과 기여(당신의 '방법들')는 당신이 열정을 갖고 영향력을 행사할 수 있는 곳에만 집중되어야 함을 인식해야 한다. 당신의 관심과 에너지는 얇게 분산되어서는 안 되며, 극도의 몰입과 창의성을 경험할 수 있는 곳을 향하도록 의도적으로 유도해야 한다.

가장 중요한 것은 노력이 아니라 결과다. 당신의 삶은 노력과 시간이 아니라 당신이 만들어낸 결과로 보상받는다. 그런데 사람들은 결과에 신경 쓰기보다 '과정'이나 '노력'에 지나치게 열광하는 경우가 많다. 물론 열심히 해야 하며 자기 일에 우수해질 필요도 있다. 그러나 그것이 가시적이고, 측정할 수 있으며, 보기 드문 결과로 이어지지 않는다면 그 어느 것도 중요하지 않다. 마이클 조던이 경기 방법에 집중하기보다 공동의 목표를 품고 함께했던 이들과 성과를 도출했던 것처럼 말이다.

문화적으로 우리는 어떻게 일할지에 집중하고 홀로 일하도록 훈련받아왔다. 하지만 마이클 조던처럼 최고 수준의 성공을 거두고 싶다면 개인적 재능이나 헌신, 천재성에만 매달려서는 안 된다. 어떻게 일할지가 아니라 누구와 함께 일할지를 고민해야 한다는 뜻이다. 이러한 사고방식의 전환 없이는 성공과 성취를 손에 쥐기 어렵다. 불가능하다고 생각했던 일들을 이루려면 무엇보다 팀워크와 협업을 통해 시너지를 내야 한다. 그렇게 한다면 지금 상황에서는 꿈도 꾸지 못하거나 상상조차 할 수 없는 일들을 얼마든지 이루어낼 수 있다.

이 책은 더 높은 수준의 성공을 지향할수록 어떻게 일하는지가 아니라 누구와 함께 일하는지가 중요하다고 주장한다. 즉 어떻게 목표를 달성하느냐가 아니라 누구와 함께 일하느냐에 초점을 맞추라는 뜻이다. 그렇게 함으로써 성취 수준을 높이는 것은 물론 그에 따른 시간, 돈, 관계, 목적 등 모든 핵심 영역에서 자유가 극적으로 증가할 것이다.

당신이 기업인으로서 사업상 성과 달성을 진지하게 생각하는 사람이라면 이 책을 통해 그 방법을 찾을 수 있다. 당신이 억만장자가 아니라면 이 책이 알려주는 아이디어들을 실행해보는 것은 분명 의미 있는 일이다. 아주 놀라운 변화를 가져다줄 테니 말이다.

어떻게 일할지가 아니라 누구와 함께 일할지가 중요하다

댄 설리번은 어떻게 일할지가 아니라 누구와 함께 일할지가 중요하다는 아이디어의 창안자이며, 이 책의 주 저자다. 하지만 댄 설리번은 이 책의 한 단어도 쓰지 않았다. 책이 거의 완성될 때까지 그는 원고를 보지도 않았고 조언만 했다. 심지어 그의 지적은 짧고 간단했으며 나는 그중 일부만 수용했다. 왜 그랬을까? 설리번은 어떻게 일할지가 아니라 누구와 함께 일할지가 중요하다는 그의 핵심 전제를 이 책의 집필 과정에서 실천한 것이다.

대부분의 사람은 성공적인 미래를 상상할 때 가장 먼저 '이 목표를 어떻게 달성할 수 있을까?'를 묻는다. 직관적인 질문처럼 보이지만 진정 행복과 성공을 원한다면, 이는 최악의 질문이다. 당신이 최악의 질문을 하는 이유는 평생 '어떻게'를 질문해야 한다고 배웠기 때문이다. 우리의 공교육 체계는 전적으로 '어떻게'를 기반으로 한다. 우리는 어릴 때부터 모든 것을 스스로 해야 한다고 배웠다. 그래서 다른 사람의 도움을 받는 것은 '부정행위'이며 나약함의 상징처럼 여겨졌다.

하지만 관점을 바꿔보자. 새로운 목표를 세우고 미루고 좌절해야 하는가? 혼자 목표를 달성해가는 느리고 외로운 과정을 거쳐야만 하는가? 그 대신 솟구치는 에너지와 흥분을 경험할 수 있다면 어떨까? 자신이 모든 일을 하지 않고도 더 크고 강력한 결과를 지속적으로 얻을 수 있다면 어떨까? 한 번에 여러 개의 원대한 목표를 상상하고 달성할 수 있다면 어떨까? 이렇게 관점을 바꾸면 '어떻게'가 아니라 '누구와 함께 일해야 하는가'라는 질문이 나온다.

훨씬 더 크고 강력한 미래를 실현할 준비가 되어 있다면 '어떻게 이것을 달성할 수 있을까?'라는 질문을 멈추고 '누가 이것을 달성하도록 도와줄 수 있을까?'를 물어야 한다.

만약 당신이 원하는 모든 것을 달성하도록 도와줄 사람을 찾을 수 있다면 당신의 목표는 어떻게 바뀔까? 만약 당신과 함께 결과물을 만들어낼 사람들을 여럿 찾는다면 당신의 자신감은 어떻게 변할까? 만약 더 이상 당신이 모든 일을 하지 않는다면 당신의 시간은 어떻게 쓰일까? 만약 당신 목표의 일부가 아니라 모두를 달성할 수 있다면 당신의 수입은 어떻게 변할까?

또 다른 질문도 할 수 있다. 만약 당신의 목표를 더 쉽게 달성할 수 있게 해줄 능력 있는 누군가가 있다면 당신의 목적의식은 어떻게 확장될까? 만약 인간관계에 더 많은 시간과 돈을 투자할 수 있다면 그 관계들은 질적으로 어떻게 달라질까? 만약 당신이 배움을 얻고 싶은 사람 또는 협업하고 싶은 사람에게 접근할 수 있다면 어떨까?

만약 그런 세상을 상상할 수 있다면 어떻게 일할지가 아니라 누구와 함께 일할지가 중요하다는 개념이 이해되기 시작할 것이다.

더 크고 멋진 결과는 사람을 통해서만 온다

댄 설리번은 전 세계 최고의 기업가 코칭 회사인 스트래티직 코치Strategic Coach의 공동 설립자로, 최고의 기업가 수만 명이 더 나은 기업인이 되도록 훈련해왔다. 그리고 자신의 고유한 능력을 발휘할 수 있는 몇 가지만 직접 하고 나머지는 그 일을 더 잘할 만한 사람들에게 맡긴다. 이 책 역시 그렇게 작업했다.

내 이름은 벤저민 하디다. 나는 이 책의 저자로 설리번과 함께 일할 '누구'의 역할을 했다. 각각의 장은 내 목소리를 담고 있고 내 시각에서 쓰였다. 이 책에서 설리번은 내내 3인칭으로 언급될 것이다. 물론 설리번은 이 책에 담긴 개념과 전략의 창시자다. 그는 이 책에 담긴 아이디어와 그가 쓴 전략을 적용해 사업을 급속도로 키우고 번영과 자유, 행복을 얻은 고객들의 이야기를 제공했다.

나 역시 책 출간을 위해 함께 일할 사람을 찾아야 했다. 나와 함께 일할 사람은 〈뉴욕타임스〉 베스트셀러 목록에 네 차례나 오른 작가 터커 맥스Tucker Max였다. 내 책《최고의 변화는 어떻게 만들어지는가》의 수정 작업을 도와줬던 맥스는 이 책의 출판 승낙을 받기 위해 지니어스X 회의에서 출판사 헤이 하우스Hay House의 회장 겸 최고경영자인 리드 트레이시Reid Tracy에게 설리번과 바바라, 그리고 나를 소개했다.

그날 밤 맥스는 이미 설리번과 그가 쓴 책의 열렬한 팬이었던 리드에게 이 책의 아이디어를 말했다. 그날 저녁 식사 후 몇 주 만에 터커는 헤이 하우스와 이 책의 출판 계약을 성사시켰다. 그뿐만 아니라 차후 설리번의 책을 몇 권 더 출판한다는 잠정적 합의를 끌어냈다.

이전에 해본 적 없는, 도전적이거나 어려운 일을 해내려고 할 때 당신은 아마도 함께 일할 사람이 필요할 것이다. 큰 도전일수록 함께 일할 사람이 절실히 필요한 동시에 중요하다. 그리고 내가 그랬듯 당신이 누군가에게 함께 일할 사람이라면, 당신 역시 함께 일할 사람이 필요하다는 것을 결국 알게 될 것이다.

우리는 모두 서로에게 탁월한 협력자가 돼야 한다

인생에서 점점 더 크고 더 나은 결과를 얻고 싶다면 방법과 전략이 아니라 함께 일할 사람이 필요하다. 방법이 아니라 사람에 집중하면, 힘도 거의 들이지 않고 즉각적으로 다수의 출판 계약을 따낸 터커처럼 말도 안 되는 결과를 얻을 수 있다. 특별한 일 처리는 어떤 방법을 통해서가 아니라 자기 일을 잘 아는 사람을 통해 가능해진다.

만약 결과와 성과를 얻기 위해 전력을 다하는 중이라면, 결과는 방법이 아니라 사람에 의해 만들어진다는 사실을 언젠가는 직시

해야 한다. 신속하고 효과적으로 결과를 얻을 준비가 되었다면 함께 일할 적임자를 찾아라. 야망이 커질수록 방법을 찾는 노력에서 벗어나야 한다. 적절한 방법을 찾지 못해 좌절하거나 실망할 필요 없다. 대신 결과를 안겨줄 수 있는 사람을 곧바로 찾아야 한다.

일단 원하는 결과에 전념하면 함께 일할 적임자를 찾는 게 쉬워진다. 적임자를 발견하면 훨씬 쉽고 간단하게 당신이 원하는 결과를 만들어낼 수 있다. 그러면 당신은 그들을 믿고 더 큰 목표를 세우게 된다. 당신은 점점 더 큰 목표를 설정하기 시작할 테고, 그 결과를 만들어낼 적임자를 확보함으로써 그 목표에 더 빨리 전념하게 될 것이다.

"누가 공을 인정받든 상관하지 않는다면 당신이 할 수 있는 좋은 일에는 제한이 없다." 로널드 레이건 전 대통령의 말이다. 그리고 방법이 아닌 함께 일할 사람의 탐색은 양방향으로 진행된다는 사실을 이해해야 한다. 터커, 리드, 그리고 나는 이 책을 위해 설리번과 함께 일해줄 협력자들이었다. 하지만 설리번 또한 우리 각자에게 협력자였다. 우리 각자가 서로에게 필요했던 것이다.

궁극적으로 이 책은 자신이 할 수 있는 일에 집중하고 다른 일들에 대해서는 그 일을 잘할 수 있는 협력자를 찾는 법에 집중되어 있다. 모든 협업 관계에서 당신에게도 협력자들이 있고 당신도 그들에게 협력자일 것이다. 어느 협력자도 다른 이들보다 더 낮거나 더 중요하지 않다. 함께 일하는 모두는 프로젝트 완성에 필수며 그들 사이에는 애정과 존경이 존재한다. 협업이 잘 되는 팀의 구성원은 다른 구성원을 공동 임무 달성을 위한 협력자로 본다. 반면 혼자 튀고 싶어 하거나 영웅 심리에 빠진 구성원은 협업에 대한 의지가 약하다. 혼자서만 성과를 차지하려 하기 때문이다.

함께 일하는 사람들이 당신의 비전을 확장시킨다

터커가 참여하자 우리의 비전과 목표의 범위가 급격히 확대되었다. 이것은 방법이 아닌 사람 탐색의 중요성 중 하나다. 함께 일할 적임자가 있으면 당신의 비전과 목적은 극적으로 확장될 수 있다. 댄 설리번은 이를 목적의 자유freedom of purpose라고 부른다. 목표를 달성할 수 있는 유능한 협력자가 있을 때 당신의 목적과 비전은 확장된다.

설리번과 나는 다수 도서의 출판 계약이 아니라 한 권의 출판을 구상하고 있었다. 우리의 비전은 적절한 협력자와 함께 빠르게 확장되었다. 더 큰 비전일수록 그것을 이루기 위해 방법이 아니라 사람이 더욱 더 필요하다. 마찬가지로 더 많은 사람, 더 실력 있는 사람들이 참여할수록 당신의 비전은 커진다.

특히 세계적인 인재와의 협업을 진행할 때 프로젝트와 비즈니스는 초기의 구상을 넘어서서 훨씬 빠르게 확장될 수 있다. 하버드대학교의 심리학자 로버트 케건Robert Kegan 박사는 이를 변혁적 자아transforming self라는 용어로 설명했다. 나는 그것이 심리적, 감정적 진화의 최고 형태라고 생각한다.

케건에 따르면 심리 발달의 가장 기본적인 형태는 두려움, 불안, 의존에서 벗어난 사회화된 자아socializing self다. 이 단계에서는 스스로 결정하지 않는다. 자신만의 목표도 없다. 대신 동료들에게 인정받으려 노력하고 그들에게 동조하기 위해 자신이 할 수 있는 것은 무엇이든 한다.

사회화된 자아의 다음 단계는 건강하지 못한 의존에서 벗어나 훨씬 더 건강한 독립 상태로 가는 자기 주도적 자아authoring self다. 이 단계에서는 자신만의 자아감이 발달한다. 자신의 세계관, 목표, 어젠다를 갖고 있다. 하지만 지각 필터 때문에 그 이상을 볼 수 없다. 모든 행동은 선입견을 확증하고 제한적 목표를 달성하는 데 집중되어 있다. 사람들 대부분은 이 단계에서 발달을 멈추고, 자신의 관점을 대단히 확신하며 그 관점을 바꾸려 하지 않는다.

변혁적 자아는 개인주의적이거나 경쟁적이지 않다. 그보다는 더 관계적이고 협력적이라는 점에서 자기 주도적 자아와 다르다. 이 수준에 도달하면 변화를 위해 협력적 관계를 맺는다. 모든 당사자는 자신의 관점, 신념, 어젠다를 갖고 있다. 하지만 자신의 관점, 심지어 자신의 정체성과 자아감을 확장할 목적으로 함께 모인다. 전체는 모든 부분의 합보다 더 커지고 새로워진다. 협업, 노력, 성장, 연계를 통해 사람들은 변화할 수 있고 실제로 변화한다. 그렇게 되면 개인적으로 추구할 때 가능한 것을 훨씬 상회하는 방식으로 진화할 수 있다.

변혁적 관계transformational relationships를 맺으려면 관련 당사자 각각이 심리적으로 변혁적 자아 수준으로 진화해야 한다. 케건은 모든 개인과 조직의 10퍼센트 미만만 이 심리적 수준에 도달한다고 본다. 변혁적 관계는 계산적 관계transactional relationships(거래적 관계로 번역할 수 있으나, 이 책에서는 그보다 의미가 더 직관적으로 와닿는 '계산적 관계'라는 용어를 사용한다.)와 달리 변화와 성장을 목적으로 시작된다. 변혁적 관계에서는 모든 당사자가 받는 것보다 더 많은 것을 준다. 사고방식이 다양하며 새로운 것들과 변화에 개방적이다. 계산적 사고방식처럼 사람이나 서비스를 '비용'으로 간주하지 않는다. 그보다는 모든 것을 10배, 100배, 혹은 그 이상의 수익과 변화를 가져올 가능성이 있는 투자로 간주한다.

삶과 비즈니스에서 10배, 100배의 결과를 만들어낸다는 말이 처음에는 터무니없이 들릴 수 있다. 하지만 그것은 방법이 아니라 사람을 탐색하는 데에 있어서 기본이다. 당신은 더 큰 목표가 필요하다. 더 큰 비전이 필요하다. 설리번의 말처럼 '현재를 개선할 유일한 방법은 더 큰 미래를 만들어가는 것'이다. 수입이든 수익이든 또는 다른 지표든 비전을 10배 더 크게 잡으면 함께 일할 사람을 구할 수밖에 없다. 당면한 과업을 혼자 처리하기 불가능하기 때문이다.

설리번은 이 아이디어를 전적으로 믿고서 오직 변혁적 관계만 맺는다. 그의 핵심 동기는 성장이다. 그의 핵심 투자는 사람에게 집중된다. 그는 자신과 자신이 코치하는 기업가 모두의 변화를 추구한다. 그들의 코치로서 설리번은 고객들의 피드백을 차단하지 않는다. 대신 아이디어를 생성하고 발전시키는 데 그 피드백을 필수 요소로 여긴다.

그는 나에게 이렇게 설명했다. "나는 내 생각의 50퍼센트만 내 몫이라고 봅니다. 아이디어의 50퍼센트만 형성하면 됩니다. 청중들에게 시험하면서 나머지 50퍼센트가 채워지니까요. 초기 개념을 공유할 때마다 피드백과 댓글에 항상 놀라고는 합니다. 전혀 짐작하지 못한 말과 반응을 사람들이 해주거든요. 제가 추구하고 소중히 여기는 것이 바로 그런 의외의 반응들입니다. 그렇게 형성되는 아이디어와 협업에 나는 항상 놀라곤 합니다. 그런 놀라움을 자주 경험하는 것이 나를 젊게 유지해줍니다."

나는 설리번의 심리적 유연성과 자신감에 감명을 받아 "선생님은 항상 그랬나요?"라고 물었다. 그는 내 질문에 이렇게 답했다. "예전에는 이 정도까지는 아니었어요. 아이디어를 청중들과 공유하기 전에 훨씬 더 오래 붙들고 있었죠. 어떻게든 혼자서 다듬고 발전시켜보려 애쓰곤 했습니다. 피드백을 통해 아이디어를 선뜻 바꾸는 정도도 훨씬 덜했고요. 예전에는 아이디어를 공유하는 데 지금보다 더 큰 용기가 필요했습니다. 하지만 자주 하다 보니 어느새 자신 있게 하게 되었죠."

설리번의 설명에서 그가 자기 주도적 자아 단계에서 변혁적 자아 단계로 발전했음을 볼 수 있다. 하지만 유연하고 협력적인 사람이 되려면 용기가 필요하다. 개방성과 성장에 대한 헌신도 필요하다. 함께 일하는 이들에게 맡기면 상상했던 것 이상의 결과물이 나올 것이다. 이것이 바로 목표가 커질수록 더 훌륭한 협력자가 필요한 이유다.

함께 일하는 사람을 신뢰하고 권한을 넘겨라

터커는 결국 이 책의 탄생에 몇 가지 중요한 역할을 하게 되었다. 그가 지닌 출판 노하우를 발휘해 나와 출판사 사이의 완충 역할을 하면서 내가 창작에 몰입할 수 있게 해주었다. 또한 설리번과 바바라에게는 노련하고 자신감 있는 자문 역할을 해주면서 그들이 이 책의 출판 과정과 결과물에 대해 현실적 기대를 유지하도록 도와주었다.

예를 들면 한번은 터커가 설리번과 바바라에게 이 책을 만드는 동안 그들의 논평이 80퍼센트는 무시될 것이라고 말했다. 그들의 논평이 중요하지 않거나 지적이지 않아서가 아니다. 실무자로서 터커가 제대로 일하려면 관점을 분산시키는 논평과 요구는 일정 부분 차단하거나 거절할 필요가 있기 때문이다.

나에게는 터커가 설리번과 바바라에게 했던 많은 말들을 할 자신감, 배짱, 권위가 없었다. 대신 나는 잘못된 조언에 굴복했을 것이며 이 책을 쓰기 위해 필요한 사람이 될 용기를 제대로 발휘하지 못했을 것이다. 터커는 내게 똑같은 조언을 되풀이했다. "벤저민, 설리번을 가장 기쁘게 해줄 길은 주 협력자로서 당신의 방법대로 해나가는 거예요. 그러니 그냥 밀고 나가요!" 고맙게도 설리번 역시 같은 말을 했다. 나는 이 책의 집필에 관해 설리번에게 조언을 구한 적이 있다. 그의 대답은 댄 설리번다웠다.

"이 책을 어떻게 쓰라는 말을 내가 왜 하겠어요? 이런 종류의 책을 쓰는 사람은 바로 당신이에요. 나는 어떤 조언을 해야 하는지도 모르겠고 그러고 싶지도 않아요."

일을 위임받은 사람이 방법을 정해야 할 뿐만 아니라 그럴 수 있는 완전한 권한도 부여되어야 한다. 내게 그런 권한을 주기 위해 댄 설리번은《쥬라기 공원》연작을 쓴 소설가 마이클 크라이튼Michael Crichton의 이야기를 들려주었다. 크라이튼은 인터뷰 도중 자신의 책 내용이 영화에 얼마나 들어갔는지 질문받았다. 크라이튼은 약 10퍼센트만 영화에 들어갔다고 설명했다. 인터뷰 진행자는 "그래서 화가 나지는 않나요?"라고 되물었다. "전혀요. 영화 덕분에 책이 많이 팔렸는걸요." 크라이튼은 이렇게 대답했다.

마이클 크라이튼의 책들은 2억 부 이상 팔렸다. 그 판매량의 상당 부분은 사람들이 그의 아이디어를 가져가 다른 형태로 사용할 수 있도록 허용함으로써 가능했다. 그러기 위해 크라이튼은 일정 부분에서 자부심을 신경 쓰지 않기로 했다. 그는 다른 매체와 프로젝트에 자신의 생각을 강요할 수 없었다. 그는 사람들이 자기 생각과는 다른 방향으로 자기 아이디어를 가져가도록 허용해야 했다.

사실 크라이튼은 영화감독이나 영화 거장이 아니다. 그는 소설가다. 그래서 다른 사람들이 그들만의 방식으로 그들의 일을 하게 두었고 그 결과 엄청난 수혜자가 되었다. 이 교훈은 이 책 전반을 통해 반복해서 나올 것이다. 당신의 삶에서 팀워크를 높이려면 일을 처리하는 방법에 대한 통제권을 넘겨줄 필요가 있다. 대신 함께 일하는 유능한 사람들을 신뢰하고 그들에게 방법을 정할 수 있는 완전한 권한을 부여해야 한다. 그래야만 가장 훌륭한 작업물을 얻을 수 있다. 알베르트 아인슈타인이 말했듯 "정말 위대하고 감동적인 모든 것은 자유롭게 일할 수 있는 개인에 의해 창조된다."

적게 일하고 많이 벌게 도와줄 사람을 찾아라

만약 당신이 사업을 10배로 확장하고 생활 속에서 더 많은 자유를 창출하고자 하는 기업가라면 이 책은 당신에게 필요한 전부를 담고 있다. 비전의 명시는 리더십의 핵심적인 측면이다. 원하는 바를 분명히 밝힐수록 그 비전을 성취하도록 도와줄 적임자를 더 빨리 유치하게 된다. 리더는 '무엇'(목표)과 '왜'(이유)를 설명한 다음 '누가'(함께 일할 사람들이) '어떻게'(방법)를 실행하도록 한다.

설리번과 함께 일할 사람으로 그의 축복과 허락을 받았음에도 불구하고 종종 나는 많은 코칭이 필요했다. 이 프로젝트를 시작한 것은 용기 있는 행동이었다. 프로젝트를 진행하는 동안 내가 감당할 수 없는 일을 맡았음을 깨달은 적이 한두 번이 아니었다. 최상의 방법들을 동원해도 내가 가야 하거나 가고 싶은 곳으로 갈 수 없었다.

결국 설리번의 책들과 가르침에 담긴 메시지가 나에게 현실로 다가왔다. 장애물과 마주칠 때마다 내게 필요했던 것은 방법이 아니라 함께 일할 사람이었다. 그것을 깨닫기까지 시간이 걸렸다. 나는 여전히 '어떻게'를 고민하는 나쁜 습관을 지우고, '누구'를 찾는 좋은 습관으로 옮겨가는 중이다. 일이 막히는 순간 바로 '누구'를 찾는 데 점점 더 능숙해지고 있다. 이렇게 하다 보니 자신감이 커졌고 일의 결과도 더 좋았다. 당신도 그럴 수 있다.

당신은 체커를 두고 있는가, 체스를 두고 있는가?

NBA 스타인 코비 브라이언트Kobe Bryant는 팀 동료인 샤킬 오닐에게 "이 젊은 친구들은 체커를 두고 있네. 나는 체스를 두고 있는데."라고 말한 적이 있다(체스가 체커보다 더 복잡하고 여러 수를 생각해야 하는 전략적인 게임임을 빗대서 했던 말이다. - 옮긴이).

대부분의 사람과 기업가들은 체커를 두고 있다. 그들은 방법에 너무 초점을 두는 탓에 스스로 자신의 비전과 자기 확장을 방해한다. 방법이 아니라 사람에 초점을 두는 법을 배우고 적용할 때 당신은 체커 게임이 아닌 체스 게임을 두게 될 것이다. 그리고 다른 사람이 설계한 게임을 하는 대신 스스로 게임을 설계하는 사람이 될 것이다. 목표가 무엇이며 어떤 피스를 체스판에 놓아야 하는지 당신이 결정하게 될 것이다.

방법이 아니라 사람에 초점을 두는 데 익숙해지면 동시에 여러 가지 게임을 할 수 있다. 당신이 주도한 모든 목표나 프로젝트에서 새로운 게임이 시작된다. 각 게임에는 다른 피스들과 선수들, 즉 다른 협력자들이 필요하다. 그랜드마스터가 되면 당신이 하는 게임은 점점 더 대담해지고 수익성이 높아지고 성공적일 것이다. 당신은 체스판에 점점 가치 있고 유능한 피스들, 즉 협력자들을 올려야 할 것이다.

하지만 일반적인 체스와 달리 방법이 아닌 사람에 초점을 두고 일한다면 승리할 때마다 당신의 피스들은 더 강력해질 것이다. 나아가 새로운 전략을 만들고 더 크고 새로운 역량을 지닌 체스 피스를 구하는 당신의 능력 또한 커질 것이다.

체스와의 주요 차이점이 또 하나 있다. 바로 상대가 없다는 점이다. 이 게임에서는 사실상 모두가 잠재적 파트너다. 이 사실을 알게 되면 당신은 더 대담해지고 더 큰 비전을 갖게 될 수 있다. 더욱 유능한 사람들을 유치하고 협업하는 능력이 급격히 발달할 것이다. 그 결과 팀워크에 대한 욕구는 더 커지고 더불어 당신의 자유도 확대될 것이다.

이 책은 어떤 내용으로 구성되어 있나

이 책의 제1부에서는 어째서 방법이 아닌 사람에 중점을 둘 때 시간이 더 생기는지 보여준다. 그 이유는 주어진 과업을 완수하기 위해 당신 혼자 고군분투할 필요가 없기 때문이다. 대신 예측 가능한 모든 방법을 고려해 능력 있는 다른 사람이나 외부 회사에 위임할 수 있다. 그뿐 아니다. 기술적인 부분에서도 다른 전문가의 도움을 받거나 아웃소싱을 함으로써 당신은 더 많은 '자유 시간'을 확보할 수 있다.

제2부에서는 어째서 방법이 아닌 사람에 중점을 둘 때 더 많은 돈을 벌 수 있는지 알려준다. 목표를 키우고 '협력자들'을 참여시키면 더 이상 산만하지 않으며 비생산적인 활동에 집중하지도 않게 될 것이다. 돈을 버는 것은 자신감과 리더십의 게임이며, 개발하고 숙달할 수 있는 기술이다.

제3부에서는 방법이 아닌 사람에 중점을 둘 때 어째서 더 많은 양질의 관계를 구축하게 되는지 설명해준다. 다음 단계로 나아가려면 더 우수하고 더 자신감 있고 더 유능한 협력자가 필요하다. 당신의 사고를 발전시키고 작업을 이끌어줄 세계적 수준의 협력자 말이다.

마지막으로 제4부에서는 방법이 아닌 사람에 중점을 둘 때 어째서 삶의 목적의식이 더 크고 깊게 발전하는지를 보여줄 것이다. 삶의 목적은 당신이 살아가는 주된 이유다. 당신 자신을 정의하는 방식이고 시간을 보내는 방식이다. 방법이 아닌 사람을 중시할 때마다 비전이 커지고 당신이 강력하고 의미 있는 영향을 줄 수 있다는 느낌이 커질 것이다.

이 책이 약속하는 것은 진지하면서도 간단하다. 방법이 아닌 사람에 포커싱해 새로운 목표를 구상하고 그것을 달성해줄 사람을 구하라. 그러면 당신은 여유로운 시간을 갖게 되고, 수입이 늘어나며, 관계가 확장되고, 목적이 심화될 것이다. 만일 그러지 않는다면 계속해서 좌절하고 꿈을 미루게 될 것이다. 후회하는 삶을 살게 될 것이고 당신이 꿈꾸던 존재의 껍데기가 될 것이다.

누군가 지옥의 정의를 말해준 적이 있다. "지구에서의 마지막 날, 당신이 될 수 있었던 사람과 마주하는 것이 바로 지옥이다."

방법이 아닌 사람의 탐색이 답이다.

준비되었다면 시작해보자.

제1부 **시간의 자유**

제1장

적게 일하고 많이 벌게 도와줄
사람을 찾아라

"학생이 준비되었을 때 스승이 나타날 것이다."
— 석가모니

리치 노턴은 열여섯 살이 되었을 때 뭔가 자기만의 일을 시작하고 싶었다. 중산층 가정 출신이라 부족함이 전혀 없었지만 그는 삶의 통제력을 갈망했다. 스스로 돈을 벌어 자신이 원할 때 쓸 수 있는 자유를 원했다. 노턴은 마트나 주유소에서 일자리를 구하는 게 최선이라고 생각했다. 아니면 지역 축제가 열리는 곳을 돌며 쓰레기를 주울 수도 있었다. 잠시 고민해보고 일할 준비가 되었다고 확신한 후 노턴은 아버지에게 결심을 말했다.

"나는 네가 일자리를 구하지 않았으면 좋겠다."

노턴의 말을 들은 아버지가 이렇게 대답했다.

"하지만 저는 일하고 싶어요."

"너는 아직 아이야. 일은 앞으로 평생 하게 될 거다."

"하지만 저는 돈이 필요해요."

노턴이 고집을 꺾지 않자 아버지가 이렇게 말했다.

"좋다, 노턴. 돈이 필요하면 엘센트로의 수박 농장으로 가렴. 혹시 크기와 모양이 이상한 수박들을 몽땅 살 수 있는지 물어봐. 농장에서는 그런 수박을 팔 수 없으니까 결국 그것들은 썩어서 버려지거든."

노턴과 그의 동생 에릭은 가족용 밴의 뒷좌석을 모두 들어내고 차에 올랐다. 그들이 사는 캘리포니아주 샌디에이고의 노스 카운티에서 차로 두 시간을 달려 남쪽의 엘센트로에 도착했다. 이상하게 생긴 수박들은 상품성이 떨어져서인지 가격이 매우 쌌다. 아버지에게 받은 '종잣돈'으로 밴을 가득 채울 만큼의 수박을 살 수 있었다.

집으로 돌아온 노턴은 동네 전화번호부를 펼쳤다. 그러고는 친구들의 부모님과 동네 사람들을 포함해 수박을 사줄 것 같은 사람들에게 전화를 걸기 시작했다. 노턴은 사람들에게 모양은 좀 이상하지만 아주 맛있는 수박이 있으니 슈퍼마켓보다 싼 가격에 한두

통 사가라고 말했다. 독립기념일 며칠 전이었으므로 신선한 과일을 찾는 사람들이 꽤 있으리라는 것을 그는 알고 있었다.

몇 시간 만에 노턴은 100통 정도 되는 수박을 전부 팔았다. 그리고 모든 구매자에게 특정 날짜, 특정 시간에 공원에서 만나자고 했다. 노턴은 수박을 공원으로 가져가서 사람들에게 건네주었고 몇 시간 만에 최저 시급으로 여름 내내 일하면서 버는 것보다 많은 돈을 벌었다.

노턴은 돈을 더 벌어야겠다는 결심을 하고 나서 '어떻게 하면 돈을 벌 수 있을까'를 고민했다. 이 열여섯 살짜리 소년은 돈을 벌 수 있는 전형적인 해결책, 즉 아르바이트 자리를 구하기로 했다. '어떻게'를 질문했던 노턴은 여름방학 전부를 포기할 참이었다. 이처럼 '어떻게'라는 질문은 많은 시간을 잃게 한다.

노턴의 아버지는 사업가였기에 시간과 돈에 대해 노턴과는 다르게 생각했다. 노턴이 아버지와 이야기를 나누었을 때 아버지는 노턴에게 최소의 노력으로 돈을 벌 수 있는 더 효과적인 방법을 보여주는 조력자가 되었다. 원하는 결과가 돈이라면 그것을 달성할 가장 효과적이고 간단한 방법은 무엇일까?

아버지에게 도움을 요청하면서 노턴은 그에게 부족한 시각과 접근법을 얻고 아버지의 지식과 능력, 자원, 해결책을 통합할 수 있었다. 이제 노턴에게는 자신이 원하는 결과를 더 효과적으로 만들어내도록 도와줄 사람이 생겼다.

노턴 혼자서는 수박을 파는 아이디어를 결코 떠올리지 못했을 것이다. 하지만 아버지가 아이디어를 준 덕분에 노턴은 몇 달간의 시간과 자유를 포기할 필요가 없었다. 아버지라는 조력자가 그의 문제를 단번에 해결해주었기 때문이다. 현재 자신에게는 없는 지식, 통찰, 자원, 역량을 즉시 이용할 수 있다는 것, 그것이 바로 조력자를 둔 효과다. 방법을 찾는 일은 단선적이고 느리다. 반면 조력자를 탐색한 결과는 어떤가? 단선적이지 않으며 즉각적이고 기하급수적인 결과를 가져온다.

이 경험은 노턴이 새로운 삶의 궤적을 형성하는 데 전환점이 되었다. 원하는 돈을 벌면서 동시에 여름방학도 충분히 누릴 수 있었다. 노턴은 그의 시간을 절대 함부로 팔아치우지 않기로 결심했다. 그리고 그 후로는 절대 그런 적이 없다. 여름방학을 지키고 원하는 결과를 훨씬 더 빨리 만들어냄으로써 노턴은 시간의 자유를 급격히 늘렸다.

이 책에서 배우게 될 네 가지 핵심 자유처럼 시간의 자유는 고정되어 있지 않고 유연하다. 유한하지 않고 무한하다. 시간의 자유를 늘릴 수 없다는 생각에서 벗어나라. 적절한 조력자를 찾기만

한다면 얼마든지 시간의 자유를 늘릴 수 있다. 그런데 시간의 자유란 무엇일까? 그 의미가 무엇인지부터 명확히 할 필요가 있다. 원하는 일을 하는 데 시간을 마음껏 쓸 수 있는 것만이 시간의 자유는 아니다. 같은 시간을 쓰더라도 양질의 활동에 시간을 쓰는 것이 진정한 시간의 자유다.

현재 30대 후반이 된 노턴과 그의 아내 나탈리는 세 아들과 함께 하와이에 살고 있다. 여러 회사를 창업한 노턴은 주로 휴대전화로 일한다. 그는 기업가와 창작자들이 꿈을 현실화하는 동시에 여유로운 시간을 갖고 살 수 있도록 컨설팅해주고 있다. 또한 시간의 자유는 노턴과 나탈리가 책을 쓰고, 자녀를 기르고, 전 세계로 여행을 다니도록 해준다. 그뿐 아니다. 협력자에게서 배운 능력을 발휘해 다양한 봉사활동을 할 수 있게 해준다.

사실 나는 노턴의 사업 덕분에 직접적인 혜택을 입었다. 젊은 작가로 막 일을 시작하려 애쓰던 시기에 노턴에게 연락을 취한 적이 있다. 그때 만남이 인연이 되어 우리는 여러 가지 프로젝트를 공동으로 진행하며 수년간 함께 일해왔다.

노턴에게 시간의 자유는 공기만큼이나 필수다. 몇 년 전 노턴과 나탈리의 아들 중 한 명이 세상을 떠났다. 그 일로 시간은 소중할 뿐 아니라 당연시 여겨서는 안 된다는 노턴의 생각은 더욱 확고해졌다. 이제 그는 '오늘이 나의 전부'라는 생각으로 하루하루를 자신의 마지막 날처럼 살고 있다.

우리는 '방법'이 아닌 '사람'을 중시함으로써 삶에서 더 많은 자유를 창출할 수 있다. 이 책 곳곳에서 그 다양한 실사례를 만나게 될 것이다. 당신 주위에는 이미 여러 조력자가 존재한다. 단지 알아차리지 못할 뿐이다. 노턴은 이 중대한 사실을 우리에게 다시금 알려준다.

당신의 삶에는 필요한 도움을 주고 독특한 역할을 해주는 사람들이 가득하다. 그들은 당신이 할 수 없는 일을 가능하게 해줄 테고, 혼자서라면 다다르지 못할 곳으로 당신을 이끌어줄 것이다. 당신에게는 우편물을 배달해주는 집배원이 있다. 당신을 격려해주는 친구들이 있다. 영감을 주는 멘토들도 있다. 그들은 모두 당신의 협력자다.

수박 이야기로 돌아가 보자. 노턴의 아버지는 여러 면에서 노턴의 협력자였으며 지금도 그렇다. 우선 아버지로서 그는 노턴에게 사랑과 지지를 보낸다. 그뿐 아니다. 그는 노턴에게 시간과 돈을 어떻게 생각해야 하는지 가르쳐준다. 하지만 모든 관계와 마찬가지로 양측은 서로에게 조력자가 되어준다. 노턴은 일방적으로 아버지의 도움을 받기만 하지 않는다. 노턴은 아버지의 삶에 깊은 의미와 목적, 기쁨을 제공하는 아주 중요한 사람이다.

우리 모두의 삶에는 우리가 의지하는 사람, 우리가 목표를 달성하도록 도와주고 다양한 방식으로 우리를 지지해주는 사람이 있다. 마찬가지로 우리 모두는 다른 사람들의 조력자가 되어 그들이 필요로 하거나 원하는 형태의 지원이나 관계를 제공한다.

당신 삶의 조력자들을 생각해보라. 그들이 없었다면 당신의 삶은 어땠을까? 그들이 없다면 당신은 어떻게 달라질까? 마찬가지로 수적으로나 질적으로 더 많은 조력자들에 둘러싸여 지원을 받는다면 당신의 삶은 어떻게 변할까? 도움을 줄 사람이 더 많다면 미래에 대한 당신의 비전은 어떻게 바뀔까?

비즈니스 영역에서 당신의 목표 달성을 지원해줄 조력자는 절대적으로 필요하다. 그러한 사람을 고용하거나 함께 일하려면 돈이 들 수밖에 없다. 그리고 그것은 비용이 아니라 일종의 투자다. 하지만 노턴의 이야기가 보여주듯이 조력자라고 해서 모두 돈이 들어가는 것은 아니다. 노턴은 아버지의 조언을 구하는 데 돈이 한 푼도 들지 않았지만, 그 덕에 3개월이란 시간을 지키고 그의 인생이 영원히 바뀌었다.

"모든 진보는 진실을 말하는 것에서 시작된다."

압도적 성과는 '방법'이 아니라 '사람'이 만든다

"사람들은 얼마나 쉽게 죽을 수 있는지, 얼마나 많은 시간을 흘려보냈는지 전혀 생각하지 않고 마치 영원히 살 운명인 것처럼 살아간다. 어떤 사람이나 어떤 일에 쓴 시간이 어쩌면 자신의 마지막일지도 모르는데 마치 시간을 무한정 쓸 수 있는 것처럼 낭비한다."

-루키우스 안나이우스 세네카

많은 기업가와 마찬가지로 샤론 덩컨Sharon Duncan은 주당 근무 시간이 어마어마하게 많았다. 그녀는 일과 삶의 균형 따위는 무시한 채 동시에 너무 많은 일을 진행하려 애썼으며, 스트레스는 최고조에 달해 있었다. 늙어가는 어머니와 보낼 시간도 거의 없었다.

덩컨은 야심 차고 성장하기를 좋아하는 사람이다. 그녀는 자신에게 투자하는 사람이었고 그 결과 설리번에게 코칭을 요청했다. 덩컨이 처음 배운 것 중 하나는 설리번이 '자유의 날'이라고 부르는 개념이었다. 설리번과 바바라는 해마다 3개월은 일하지 않고 여행하면서 휴식을 취했는데, 설리번은 이를 가리켜 '자유의 날'이라 불렀다.

설리번은 유능한 인재들로 구성된 자율 관리 회사self-managing

company가 많아져야 한다고 강조한다. 그런 회사에서는 일을 적게 하면서도 성취하는 것은 훨씬 더 많다는 것이 설리번의 설명이다. 자율 관리 회사에서 일하는 사람들은 스스로를 관리하고 책임지는 것에 익숙하다. 경영자나 리더가 관리해주기를 기다리며 수동적으로 대응하지 않는다. 자율 관리 회사의 리더라면 분명 아주 명확하고 흥미로운 비전을 제시했을 테고, 자신들에게 맞는 방식으로 실행하고 달성할 권한을 구성원들에게 위임했을 것이기 때문이다.

이는 설리번과 바바라의 경험을 통해서도 알 수 있다. 모든 조직과 팀은 리더 없이도 원활하게 운용될 수 있으며 운용되어야만 한다. 그리고 이것이 모든 기업가의 목표가 되어야 한다. 느긋하게 쉬고, 회복하고, 놀고, 무엇이든 원하는 것을 할 수 있는 자유가 필요하다. 이는 기업가의 창의력, 성공, 지속력, 회복탄력성을 위해 매우 중요하다. 기업가뿐 아니라 실은 모두에게 중요하다.

이것을 뒷받침하는 연구 결과도 있는데, 창의적 통찰의 16퍼센트만이 일하는 동안 생성된다고 한다. 대부분의 아이디어는 집에 있거나 이동 중이거나 여가 활동을 하는 동안 떠오른다. 좋은 아이디어와 해결책이 나오도록 충분히 자극받으려면 시간과 공간이 필요하고, 특히 휴식과 회복이 중요하다는 방증이다.

가장 중요한 것은 우리 자신이다. 경영자나 리더가 아니어도 마찬가지다. 열심히 일한다고 해서 성과를 내는 것은 아니다. 적절한 휴식을 취하고 자신을 소중히 여김으로써 우리는 에너지를 고양시킬 여유를 자기 자신에게 주어야 한다. 또한 인생에서 가장 중요한 사람들과 의미 있는 관계를 유지할 수 있도록 행복하고 창의적인 최적의 상태를 만들어야 한다.

덩컨은 이 아이디어를 마음에 들어했다. 그녀의 어머니는 여든두 살이었고 어머니가 얼마나 오래 사실지 누구도 예측하기 어려운 나이였다. 그랬기에 설리번의 이야기가 특히 가슴 깊이 와닿았다. 덩컨은 어머니가 엄청난 야구팬이라는 점을 염두에 두고 이런 생각을 했다.

'만약 사람을 고용해서 일을 잠시 맡겨두면 어떨까? 1년에 3개월을 쉬면서 엄마와 함께 메이저리그 경기를 보러 전국을 여행할 수 있다면 좋을 것 같은데!'

그 일을 마냥 미뤄서는 안 된다는 생각이 들었다. 엄마와 함께하는 시간이 매우 중요하게 여겨졌기 때문이다. 거부할 이유가 없을 만큼 강력해지면 현실이 된다. 혼자서는 갖지 못했을 새로운 시각과 해결책을 한순간에 얻은 노턴처럼 덩컨도 이제 새로운 시각과 해결책을 갖게 되었다. 더욱 중요한 점은 그녀에게는 매우 강력한 이유가 있었다는 점이다. 그것은 그녀의 새로운 시각에 더 큰 중요성, 목적, 맥락을 부여해주었다.

덩컨은 기본적으로 그녀에게 스트레스를 주었던 일의 대부분을 맡아줄 '실무 관리자' 채용에 곧바로 돌입했다. 지금 돌이켜보면 그녀는 진즉에 그런 일에서 벗어날 수 있었다. 하지만 그럴 만한 통찰력이나 자신감이 없어서 용기를 내지 못했다.

실무 관리자 직책 하나를 추가함으로써 그녀의 일정에서 연간 500시간을 확보할 수 있었다. 이 500시간은 주당 40시간 근무로 환산하면 12.5주, 즉 3개월의 풀타임 근무에 해당한다. 한 사람을 고용함으로써 덩컨은 그만큼의 시간을 원하는 대로 쓸 수 있게 되었다. 그녀에게 필요한 것은 목표(무엇), 이유(왜), 그리고 사람(누구)이었다.

이는 충격적일 만큼 단순한 변화를 통해 가능해진 일이다. 그녀의 스트레스는 급속히 줄어들었다. 삶과 사업에 대한 시야가 넓어졌고 덩컨은 자신의 시간을 더 소중히 여기기 시작했다. 자신감이란 바로 그런 것이다. 필요한 일을 당장 할 수 있는 것 말이다.

실무 관리자를 고용한 이후 덩컨과 그녀의 어머니는 수많은 야구 경기를 보러 다녔다. 심지어 2018년 월드시리즈의 모든 경기를 관람했다. 덩컨도 그녀의 아름다운 어머니도 결코 잊지 못할 추억을 만들었다. 게다가 덩컨의 어머니는 딸과 야구 경기를 보러 가는 꿈을 이룰 수 있었다. 무엇보다 딸과 많은 일을 함께할 수 있다는 것에 행복해했고, 앞으로도 둘이서 계속할 일들을 무척이나 기대하고 있다.

덩컨은 이제 시간의 주인이 되어가는 중이다. 이제 그녀가 하는 모든 일은 그녀가 매우 열정을 갖고 있으며 신나 하는 일이어야 한다. 그녀의 시간을 가장 유용하게 쓰는 일이어야 한다. 그녀 회사의 임무와 수익에 가장 큰 영향을 미치는 일이어야 한다. 이 변화는 덩컨에게만 영향을 미친 것이 아니다. 덩컨이 고용한 실무 관리자뿐 아니라 다른 직원들도 성장하고 있다.

덩컨은 중요한 일에 훨씬 더 집중하고 있으며, 그녀가 활기차고 활발한 덕에 회사는 놀라운 성장을 경험하는 중이다. 모두가 특별한 무엇인가의 일부라고 느끼며 리더의 에너지와 정신을 얻고 있다. 자신과 다른 사람들에게 이런 경험을 만들어주는 것은 굉장히 값진 일이다. 그리고 당신도 충분히 그럴 수 있다.

시간은 한정되어 있다. 우리 모두에게 주어진 시간은 24시간이다. 따라서 다른 자유를 정복하기 전에 먼저 자기 시간의 주인이 되어야 한다. '어떻게?'라고 질문하기를 멈추고 함께 일할 사람을 구하기 시작한다면 원하는 일을 백만 배는 더 이룰 수 있다.

"창작자는 불평하지 않고 불평하는 사람은 창작하지 않는다."

사람에게 쓰는 돈, 비용이 아닌 투자인 이유

부부 심리학자인 아서 에런Arthur Aron 박사와 일레인 에런Elaine Aron 박사가 개발한 자기 확장 모델self-expansion model에 따르면 인간에게는 자신의 효능이나 자신감을 높이려는 1차적 욕구인 자기 확장 욕구가 있다고 한다.

이 모델에서 말하는 '효능감'efficacy, 즉 원하는 결과를 도출하는 능력은 절대적인 것이 아니라 잠재성을 가리키는 용어다. 개인으로서 우리의 효능감은 혼자서 무엇을 할 수 있는가를 의미하지 않는다. 선천적 또는 개인적 능력을 기반으로 하지도 않는다. 그보다는 목표 달성을 가능하게 하는 자원의 확보를 가리킨다. 우리의 잠재적 효능감을 높이는 방법은 긴밀한 관계를 형성해 물질적·사회적 자원, 관점, 정체성을 높이는 것이다.

에런 부부에 따르면 두 사람이 서로 관계를 맺을 때 사람들은 상대방의 특성을 자신에게 통합하거나 융합한다고 한다. 심리적으로 우리는 상대를 우리 자신의 통합된 일면으로 보는 경향이 있다. 그래서 상대의 자원도 얼마간 우리의 것이 된다. 그 반대도 마찬가지다.

관계를 통해 얻는 자원은 돈이나 소유물처럼 물질적인 것이거나 우정처럼 비물질적인 것일 수도 있다. 자원에는 물질적인 것만 있지 않다. 세상을 인식하고 사람들의 행동을 설명하는 방식과 같은 상대의 관점도 포함된다. 상대의 시간, 관심, 도움이 관계를 통해 얻는 자원이 될 수도 있다.

개인으로서 확장되고 싶은 마음이 다른 사람들과 긴밀한 관계를 추구하도록 이끈다. 에런 부부에 따르면 특정한 사람에게 끌리는 이유는 다음 두 가지 요소 때문이라고 한다.

- 바람직성desirability : 특정 관계를 통해 가능하다고 인식된 자기 확장의 총량
- 확률probability : 특정 개인과 밀접한 관계가 실제로 형성될 수 있다고 인지된 가능성

이런 것들이 우리에게 말해주는 사실은 무엇일까? 인간의 효능감, 역량, 잠재력은 절대적이지 않으며 선천적이거나 고정된 것이 아니라는 점이다. 그것은 항상 상황적, 관계적, 유동적이다. A라는 사람과의 관계에서 당신이 성취할 수 있는 것은 B라는 사람과의

관계에서 성취할 수 있는 것과 매우 다르다. 당신이 어떤 사람들과 함께할 때 배우고 성장하는 모습은 다른 사람들과 함께할 때와는 또 다르다.

아내 로런과 내가 세 아이를 위탁 양육했을 때 나는 이 사실을 더 분명하게 알 수 있었다. 세 아이들은 매우 좋지 못한 환경에 놓여 있었다. 그들은 부모의 돌봄 없이 방치되었고, 필요한 관심과 자원을 받지 못했으며, 솔직히 온종일 텔레비전 앞에 앉아 있었다. 그런 상황에서 이 아이들이 지닌 잠재력은 많지 않았다. 열심히 노력해도 성과를 내지 못했다. 하지만 환경과 배경이 바뀌면서 돌연 그들의 잠재력이 활성화되기 시작했다.

그들은 우리를 통해 다른 자원을 이용할 수 있었다. 여기에는 우리 집과 돈뿐만 아니라 에너지와 시간, 관심도 포함된다. 우리는 이 아이들에게 많은 투자를 했고 지금도 여전히 하고 있다. 아이들 모두 학업에 뒤처졌기 때문에 과외 선생님을 고용했다 심리 치료를 받게 하고, 관심 있는 스포츠 활동을 지원해주고, 교회에 데려갔다. 그리고 미국 전역을 함께 여행했다.

그뿐 아니다. 다정한 조부모는 낚시 여행과 크루즈에 데려가고 수많은 사촌과 함께 놀았다. 이 아이들은 사랑을 받고 가족의 확장된 자원까지 지원받았다. 그들은 우리의 지식은 물론 세상을 보는 관점, 그리고 종교적 믿음에도 영향을 받았다.

이 모든 추가 자원과 경험은 우리 아이들을 변화시켰다. 개인 교습을 통해 실력과 자신감을 길렀다. 그 덕분에 이후 따라올 학습의 기회가 확대되었다. 심리 치료, 교회, 밀접한 관계를 통해 그들은 감정을 조절하고, 스트레스와 불안을 다스리고, 도전과 경험을 더 잘 이해하는 법을 배웠다. 가족과 함께 여행하고 다양한 경험을 쌓았다. 나아가 자신들을 사랑하는, 성공한 사람들에 둘러싸여 있었다. 그런 환경 속에서 아이들은 전보다 자존감이 높아졌고 자신에 대한 목표와 기대도 높아졌다.

여기서 말하려는 요점은 단순하다. 관계를 맺으면서 한 사람으로서의 효능감이 확장된다는 것이다. 효능감은 결과를 만들어내는 능력이며 그것은 결과를 위해 투입해야 하는 자원에 기초한다. 자원은 경제적인 것일 수도 있지만 그 이상의 것일 수도 있다. 격려, 시간, 집중은 금전적인 지원 못지않게 중요하다.

자원은 결과를 산출하는 능력을 확장해줄 뿐 아니라 개인의 정체성, 세계관, 기술 수준에 변혁적 영향을 미칠 수 있다. 예를 들어 피아노 선생님에게 오래도록 피아노 교습을 받았다고 해보자. 피아노 선생님의 자원으로 우리의 연주 실력은 선생님 없이는 불가능했을 수준으로 향상될 수 있다.

이것은 방법보다 사람에게 핵심을 둘 때 우리 경험과 사고방식이 얼마나 달라질 수 있는지를 보여준다. 모든 일을 혼자, 스스로 하는 데만 집중한다면 목표 달성을 위해 투입할 수 있는 자원은 그만큼 제한된다. 자원이 제한되면 잠재력과 선택지, 미래도 제한된다.

그러나 우리의 노력을 다른 사람과 합치면 우리의 효능감은 즉시 증가한다. 관계는 사람을 통해 우리 자신을 변화시키는 방법이다. 관계는 현재의 한계를 뛰어넘는 방법이다. 관계는 결과를 산출하는 방법이다. 관계는 궁극에는 삶의 목적이다.

좀 더 구체적으로 살펴보자. 중독을 극복하는 데 자신의 의지력이 아닌 관계가 도움이 된다는 연구 결과들이 있다. 작가이자 저널리스트인 요한 하리Johann Hari는 인기를 얻은 TED 강연에서 "알코올 중독의 반대는 금주가 아니라 인간관계다."라고 말한 것으로 유명하다.

익명의 알코올 중독자 모임은 많은 알코올 중독자들에게 놀라운 조력자가 된다. '중독자'는 혼자의 힘으로 금주하려고 애쓰기를 중지하고 신 또는 다른 사람들의 도움이 필요하다고 공개적으로 인정할 때 진정으로 변화할 준비가 된다.

이 모든 점들을 고려할 때 목표를 달성하려면 '어떻게?'라고 물어서는 안 된다. 동기와 효능감 등 모든 측면에서 당신의 인식 체계나 능력보다 관계가 훨씬 더 큰 영향력을 발휘하는데 왜 계속 '어떻게'를 물어야 하는가? '어떻게'라는 질문은 마치 중독과 같은 현재 상태에 우리를 영구히 가둘지도 모른다. 그런데도 여전히 '어떻게'라고 물어야 할까?

당신은 관계를 통해 자신감을 높이고 효능감을 확장한다. 크게 성공하는 사람들은 궁극적으로 관계를 통해 성공하는 경우가 대부분이다. 성장할수록 성공의 관건은 방법이나 전략보다 누구와 함께 일하는가의 문제로 귀결된다. 이것은 피할 수 없는 사실이다. 이러한 이유로 인생의 모든 측면에서 관점을 바꿔야 한다. '어떻게'에서 '누구'로 질문을 전환하는 것이다. 만약 삶에서 더 많은 자유를 원한다면 방법을 질문해서는 결코 자유를 얻을 수 없다.

당신에게는 사람이 필요하다. 배우자, 부모, 멘토, 교사, 코치, 협력자, 공모자, 그리고 마침내 당신이 준비되면 당신을 위해 일해줄 직원들과 다른 사람들 말이다. 직원, 공동 작업자, 컨설턴트가 당신과 일하는 이유는 당신 아랫사람이어서가 아니라 당신을 믿기 때문이다. 당신은 그들의 삶에서 굉장히 중요한 사람이다. 당신은 그들이 일할 때 필요한 사명감을 주고, 그들이 가족을 부양하도록 일자리를 제공하며, 능력과 자신감을 향상시킬 방법을 제공해주는 사람이다.

더 많은 이를 위해 그런 사람이 될수록 당신은 더 성공하게 될 것이다. 동기부여 강연자인 지그 지글러Zig Ziglar는 "다른 사람들이 원하는 것을 얻도록 도와준다면 당신도 인생에서 원하는 모든 것을 가질 수 있다."라고 말한 적이 있다. 사람들이 원하는 것을 얻도록 돕는다는 건 무슨 뜻일까?

당신이 모든 방법을 총동원해야 한다는 의미가 아니다. 뭐가 됐든 당신의 자원을 통해 그들이 원하고 필요로 하는 걸 얻을 수 있도록 해야 한다는 의미다. 그러면 그들 역시 당신을 위해 기꺼이 자신의 재능을 제공할 것이다.

설리번은 우리의 발전을 측정하는 가장 좋은 방법은 우리 삶에서 진행되는 협업의 양과 질에 주목하는 것이라는 말을 자주 한다. 심리학의 자기 확장 모델에 따르면 이는 대단히 일리 있는 말이다. 한 사람으로서의 효능감은 그가 가진 자원에 기반하며 인간관계야말로 가장 훌륭한 자원으로 작용한다. 이처럼 모든 관계는 어떤 목적을 향한 팀워크로 볼 수 있다.

지금 당신의 삶을 살펴보라. 협업과 팀워크가 잘 이뤄지고 있는가? 협업과 팀워크가 부족한 부분은 어디인가? 혼자서 모든 일을 하고 있을 정도로 비전이 작은 부분은 어디인가? 당신이 궁극적으로 하고 싶은 일을 이루도록 도와줄 사람이 더 필요한 부분은 어디인가? 기존의 인간관계에서 활용도가 낮은 관계는 무엇인가? 이 질문들을 광범위하게 생각하고, 일뿐만 아니라 그 이상의 영역까지 고려해보아야 한다.

건강에 대한 비전을 도와줄 사람이 있는가? 가족에 대한 비전은 어떤가? 당신의 열정과 취미와 관련해 도와줄 만한 사람이 있는가? 당신의 환경은 어떤가? 삶의 모든 영역에서 추가 자원과 효능감을 보유하고 있는가? 아니면 혼자 할 수 있는 일로 비전이 제한되어 있는가?

목표를 크게 설정하고 다른 사람들을 참여시켜라. 이러한 투자는 매우 중요하다. 그런데도 사람들은 정말 중요한 곳에 투자하려는 노력을 제대로 하지 않는다. 스스로 목표를 확신하지 못한다면 어떻게 다른 사람을 참여시킬 수 있겠는가?

목표를 확신하고 같이 일할 사람들에게 투자하라. 그럴 때 당신의 목표는 더욱 명확해지고, 목표에 대한 헌신이 강화된다. 다른 사람들을 참여시킬 때 진지해지고 집중하려는 당신의 욕구와 동기 역시 강화된다. 목표를 향해 함께 달려줄 사람들이 있다면 당신 혼자 고군분투할 때와는 비교할 수 없을 정도의 성과를 낼 수 있다. 당신의 성공을 위해 헌신하는 사람들에게 아낌없이 투자해야 한다.

예를 들어 건강 관리를 하고 싶다면 헬스클럽 회원권을 끊을 수도 있다. 또는 개인 트레이너를 고용할 수도 있다. 그렇다, 이것은 투자다. 당신은 이런 투자를 할 처지가 아니라고 생각할 수도 있다. 하지만 개인 트레이너를 고용함으로써 건강과 체력 면에서 당신의 능력과 잠재력은 확장된다. 당신에게 필요한 맞춤 코칭이 진행되고 적절한 지원을 받을 테니 더 나은 결과를 얻는 것은 불 보듯 뻔하다.

또한 자신에게 투자하고 있다는 것만으로도 더 강하게 동기부여가 되고 집중력이 높아진다. 다시 말하지만 함께 일할 사람을 구하는 것은 우리 스스로가 더 헌신하게 하는 방법이다. 목표에 투자하는 것은 우리가 성장하고 거대한 목표를 달성하게 해줄 방법이다. 하지만 대부분의 사람은 그런 투자를 하지 않는다. 결과적으로 그런 투자를 함으로써 헌신, 동기, 집중이 향상되는 것 역시 결코 경험하지 못한다.

꿈꾸는 미래를 위해 어느 정도의 노력을 할지 결정하고 통제하는 사람은 우리 자신이다. 자신의 확장 가능성을 통제하는 사람도 우리 자신이다. 함께 일할 사람에게 투자하는 용기 있는 발걸음을 내디딤으로써 우리의 개인적 능력은 향상된다.

기업가들의 수입과 영향력을 10배, 100배 증가하게 해줄 마인드셋, 도구들, 공동체를 제공하는 것이 바로 스트래티직 코치에서 하는 일이다. 스트래티직 코치를 통해 교육을 받고 인간관계를 배우고 수만 달러를 투자해 비전에 대한 의지를 강화함으로써 기업가들은 한계를 극복한다. 또한 정점에 도달함으로써 정체성, 자신감, 자유를 확장할 수 있다.

문제는 사람에게 투자할 의향이 있느냐는 것이다. 당신은 그런 믿음 아래 꿈을 향해 헌신하고 노력할 용의가 있는가? 아니면 계속 반쯤만 노력할 것인가? 금전적인 투자를 아끼지 마라. 혼자서는 할 수 없는 일을 달성할 수 있도록 다른 사람들의 자원을 확보하라. 그들의 지식과 시간, 전문성, 인맥을 얻어라. 모든 것을 혼자 하려는 데서 벗어나라. 가장 필요하고 효과적인 일에 집중하라. 그렇게 함으로써 자신과 잠재력을 확장하라.

방법이 아닌 사람으로 질문을 전환하면 우리는 한 사람으로서 발전하게 된다. 정체성, 관점, 자원을 변화시킬 자기 확장성도 증가하게 된다. 나아가 시간, 돈, 관계, 목적의 네 가지 핵심 영역에서 더 자유를 누리게 될 것이다.

"우리의 눈과 귀는 뇌가 찾고 있는 것만 보고 듣는다."

- '어떻게'를 질문할 때 모든 가능성이 자신의 지식과 능력으로 제한된다.

- '어떻게'를 질문할 때 특정 과업에 당신의 시간과 주의를 기울이게 된다.

- '어떻게'를 질문할 때 시간의 자유는 줄어든다.

- '누구'를 질문할 때 다양한 지식과 통찰, 능력과 즉시 연결된다.

- '누구'를 질문하면 최대한 효과적으로 원하는 결과를 얻는다.

- '누구'를 질문할 때 즉시 수백 시간이 확보되고 이 시간을 더 좋고 의미 있게 쓸 수
  있다.

- '누구'를 질문할 때 결과를 달성할 유일한 수단이 자신이라고 생각하지 않게 된다.
  따라서 일에 대한 비전이 확장된다.

- 자기 확장은 인간의 핵심 동기이며 함께 일하는 사람들을 통해 이루어진다.

제2장

미루기는 인생의 낭비일까?
지혜로운 기다림일까?

"내일만 계속 찾다 보면 공허한 어제만 남게 될 것이다."
―메러디스 윌슨

슬픈 사실이 하나 있다. 많은 사람이 인생의 거의 대부분을 가장 중요한 일들을 미루면서 보낸다는 점이다. 연구에 의하면 대학생의 85~95퍼센트는 습관적으로 일을 미뤄서 해야 할 일을 스스로 할 수 없고, 그 결과 부정적이고 바람직하지 못한 결과를 경험한다고 한다. 85~95퍼센트라는 비중은 굉장히 높은 수치다. 그런데 디지털 기기와 인터넷 중독의 만연으로 이 수치가 더 증가하고 있다. 최근 연구에 따르면 과도한 온라인 소비가 미루기를 더욱 심화시킨다고 한다.

미루기 습관은 심리적 악영향을 끼치는데 특히 다음과 같은 결과를 초래한다.

- 웰빙의 감소
- 수치심과 죄책감의 증가
- 우울증과 같은 정신 건강 증상의 증가
- 아플 때 치료를 받지 않는 등 잘못된 의사결정 때문에 건강상의 위험 초래

여기 언급된 미루기의 결과도 심각하지만 이는 문제의 일부에 불과하다. 미루기의 가장 큰 문제는 삶을 망치고 잠재력을 제한한다는 점이다. 미루기는 목표 달성을 방해하므로 일이 진전이 있을 때 따라오는 지속적인 자신감을 훼손한다. 설리번의 말처럼 "개인의 자신감은 현재 능력보다 훨씬 더 큰 목표를 향해 나아가는 데서 온다."

자신감은 목표를 구상하고 개념화하고 달성하는 자신의 능력에 대한 믿음이다. 그것은 상상력의 토대다. 메타분석 연구에 따르면 최근 달성한 성과 또는 목표를 향해 나아갈 때 사람들의 자신감은 높아진다. 자신감을 키우면 상상력이 늘어나고 미래에 대한 가능성도 함께 성장한다.

미루기는 자신감의 성장만 막는 게 아니다. 상상력 또한 제한해서 더 큰 목표를 추구하지 못하도록 막는다. 우리의 정체성과 자아상이 제한되는 것이다. 정체성은 주로 행동에 의해 형성되므로 행동하지 않고 미루는 것은 자신이 큰 목표를 달성할 수 있다는 믿음을 방해한다. 그리고 이런 패턴이 반복되면 미래에 대한 가능성도 갉아먹는다. 큰 목표를 설정하고 그것을 이룰 수 있다는 믿음이 자라지 못하게 한다.

따라서 미루기는 자아상을 작게 만들고 우리를 더 작은 미래로 이끈다. 자꾸 미루다 보면 자신감이 없어지고, 우리 스스로를 믿지 않게 된다. 자신을 믿지 못하는 사람이 큰 목표를 세우거나 멋진 미래를 상상하기란 불가능하다.

이러한 시나리오가 극단적으로 보이겠지만 그렇지 않다. 이는 대부분의 사람에게 일어나는 일을 정확히 진술한 것이다. 연구에 따르면 죽음을 앞둔 사람들 대부분이 후회하는 첫 번째는 인생에서 진정으로 하고 싶었던 일을 하지 않았다는 점이다. 그들은 원하는 일을 하는 대신 가슴 깊이 꿈을 간직하고 그것의 실현을 미루고 타협했다.

"당신의 미래는 당신의 재산이다."

미루기에 관한 충격적이고 흥미로운 사실

"감히 인생의 한 시간을 낭비하는 사람은 인생의 가치를 아직 발견하지 못한 사람이다."

-찰스다윈

나는 여태 미루기가 정말 나쁘다는 것을 이해시켰다. 곰곰이 다시 생각해보자. 정말 그런가? 이쯤에서 앞서 한 모든 주장에 소금을 뿌려볼까 한다. 역설적이게도 미루기는 사실 굉장히 지혜로운 태도다. 미루기는 자신을 위해 정말로 무언가를 더 원하지만 그렇게 할 지식과 능력이 부족할 때 일어나는 심리 현상이다.

미룬다는 것은 당신의 목표나 야망이 크다는 의미다. 당신은 원하는 무언가가 있고 그 목표나 야망을 달성하기 위한 계획도 있다. 그런데 당신은 그것을 실행하기에 적합한 사람이 아니다. 적어도 지금 당장은 아니다. 그렇다면 현재 단계를 통과하게 도와줄 누군가가 필요하다. 필요한 지식이나 능력을 보유한 사람이 분명 당신은 아니기 때문이다. 그랬다면 당신은 미루지 않았을 것이다.

이런 상황에 귀를 기울인다면 미루기야말로 지혜 그 자체라 할 수 있다. 제대로 귀를 기울이지 않는다면 미루기는 불행과 평범함으로 이어진다. 미루기는 다른 사람을 참여시켜야 할 때임을 알려주는 매우 강력한 신호다. 당신의 길은 막힌 상태고 도움이 필요하다는 신호다. 도움을 줄 사람을 찾을 것인가, 아니면 혼자 방관할 것인가? 그것이 문제다.

개인적 야망이 클수록 미루기를 더 많이, 더 오래 경험하게 된다. 야망이 있는 사람은 누구나 미룬다. 그것은 자신을 훨씬 넘어서는 큰 목표를 가질 때 기본적으로 따르는 일이다. 하지만 대부분의 사람에게 미루기는 결과를 산출해주지 못한다. 오히려 그것은 나태, 후회, 좌절로 이어진다. 그리고 앞으로 나아갈 힘과 자신감이 부족하면 야망은 머잖아 완전히 사라진다.

미룰 때는 두 가지 선택지밖에 없다. 가장 일반적인 첫 번째 접근법은 스스로에게 '이거 어떻게 하지?'라고 묻는 것이다. 일반적으로 이것은 일을 더 미루게 만든다. '어떻게?'는 우리에게 목표나 바람이 생기는 순간 질문하도록 사회와 공교육 체제가 훈련시킨 질문이다. 더 효과적인 두 번째 선택지는 '누가 이 일을 도와줄 수 있을까?'로 질문을 전환하는 것이다. 질문을 바꾸는 간단한 방법으로 당신은 미루기를 멈추고 낙담에서 벗어날 수 있다. 대신 에너지와 자신감, 창의성이 늘어나는 것을 경험할 것이다. 이 질문을 조금 다르게 변형할 수도 있다. '누가 나를 위해 이 목표를 달성해줄 수 있을까?'로 말이다. 이것을 최대한 빨리 달성할 수 있는 기술과 지식, 인맥, 전문성을 갖춘 사람은 누구인가?

새로운 목표나 소망을 생각할 때마다 '누가'라는 질문이 자동으로 나오도록 해야 한다. 새롭고 더 나은 질문을 함으로써 가장 큰 목표를 이루는 데도 즉각적인 진전이 생기기 시작할 것이다. 당신은 다른 사람의 시간, 지식, 인맥, 역량을 이용하게 될 것이며 스스로 모든 걸 하겠다며 가능성을 제한하는 일도 없을 것이다.

'어떻게'가 아니라 '누구'를 질문해 미루기를 없애려면 아래 제시하는 두 가지 필수 단계가 필요하다.

- 목표를 대단히 명확히 해야 한다.
- 이렇게 자문한다. 내가 이 목표를 이루도록 누가 도와줄 수 있을까?

메탈리카는 어떻게 1억 장이 넘는 음반을 팔게 되었나?

"당신이 원하는 바를 말하고, 그것을 한 사람이라도 들어줄 때 생산적 순환이 시작될 수 있다."

-조슈아 울프 솅크

메탈리카 멤버인 라스 울리히Lars Ulrich는 고등학생 때 캘리포니아주 오렌지 카운티로 이사했다. 당시 그는 색슨Saxon, 아이언 메이든Iron Maiden, 데프 레퍼드Def Leppard 밴드 등을 포함한 영국 뉴웨이브 헤비메탈에 심취해 있었다. 울리히는 고등학생 시절 아픈 엄지손가락처럼 눈에 띄는 존재였다. 그의 말에 따르면 전교생 500명이 분홍색 라코스테 셔츠를 입고 있는데 자신만 색슨 티셔츠를 입었다고 한다. 그는 자신이 좋아하는 일만 하는 아웃사이더였다. 사람들은 그를 다른 행성에서 온 존재처럼 바라보았다.

심하게 고립감을 느꼈던 울리히는 지역 신문인 〈리사이클〉Recycler에 구인 광고를 냈다. 다른 연주자와 잼을 할 드럼연주자를 구한다는 간단한 광고였다. 제임스 헷필드James Hetfield가 그 광고를 보고 연락해왔다. 헷필드는 수줍음을 많이 타서 첫 만남에서 눈도 제대로 마주치지 못했다. 하지만 상관없었다. 그들은 음악적으로 교감했고 음악에 대한 서로의 열정을 공유했다. 울리히와 헷필드는 함께 '메탈리카'라는 밴드를 만들었고 1억 장 이상의 음반을 판매하기에 이르렀다.

이 모두는 울리히가 자신이 원하는 것이 무언지 알고 있었으며 자신의 바람을 신문에 광고했고 적임자를 찾아냈기에 시작된 일이다. 하지만 이때는 인터넷과 스마트폰, 검색 엔진이 존재하기 전인 1970년대였다. 울리히는 신문을 이용해 그의 비전을 공유하고 적임자를 끌어들였다. 오늘날 우리는 훨씬 더 강력한 도구를 가지고 있어서 우리의 목표 달성을 도와줄 사람을 보다 쉽게 전 세계에서 찾을 수 있다.

이때 울리히에게 가장 먼저 배워야 할 점은 우리가 원하는 바를 명확히 정의하는 것이다. 울리히는 다른 음악인들과 연주하고 싶었다. 그것이 그의 목표였다. 올바른 유형의 관계를 형성하기 위해서는 당신이 무엇을 원하는지 명확히 할 필요가 있다. 당신이 원하는 바를 알아야 할 뿐만 아니라 당신이 원하는 것을 다른 사람들에게 분명하게 전달해야 한다.

라스 울리히는 그가 원하는 것을 분명하게 말했다. 그는 자신의 바람을 표현하고 공개했으며, 그걸 보고 적임자였던 제임스 헷필드가 응답했다. 울리히가 자신이 원하는 것을 분명히 드러내지 않았다면 결코 헷필드를 만나지 못했을 것이다. 두 사람이 함께 변화하지도 못했을 테고 메탈리카를 만들지 못했을 것이다. 그들의 비전을 키우고 1억 장 이상의 앨범을 판매하는 일도 없었을 터다.

울리히에게는 헷필드가 필요했고 헷필드에게도 울리히가 필요했다. 울리히가 신문에 광고를 싣지 않았다면 헷필드는 어떻게 되었을까? 그 일을 할 적임자는 항상 준비되어 있으며 당신을 기다리고 있다. 당신이 비전을 명확히 표현해주기만 하면 된다.

심리학에는 '선택적 주의'selective attention라는 용어가 있다. 인간은 감각을 통해 뇌로 들어오는 데이터를 전부 이해할 수 없기 때문에 선택적으로 받아들인다는 뜻을 지닌 용어다. 우리의 의식은 정보를 걸러낸다. 그런 다음 관련이 있거나 중요해 보이는 것들에 주의를 기울인다. 새 차를 사면 어디를 가나 같은 차종이 보이기 시작하고, 시끄러운 실내 소음 속에서도 자기 이름이 불리면 금세 들을 수 있는 것도 바로 이런 이유에서다.

설리번은 "당신의 눈과 귀는 뇌가 찾는 것들만 보고 들을 수 있다."라며 선택적 주의의 힘을 강조했다. 당신이 무엇을 원하는지 규정하고 성공의 모든 기준을 명확히 하면 그것을 마음속으로 그릴 수 있을 뿐만 아니라 전달할 수도 있다. 당신이 무엇을 원하는지 세상에 알리는 동안 당신의 비전은 명백해질 것이다. 그리고 수백 가지 차종 속에서 쉽게 눈에 띄는 한 가지 차종처럼 적임자를 발견할 수 있게 된다. 더 정확하게 말하자면 적임자가 당신을 찾아낼 것이다.

설리번은 비전을 규정하고 프로젝트를 성공적으로 완수하면 어떤 모습인지, 그것이 왜 그렇게 중요한지 정의하는 데 도움이 되는 도구를 만들었다. 그는 이 도구를 '임팩트 필터'impact filter라고 부른다.

댄 설리번은 비전과 그것의 중요성을 명확히 한다. 그럼으로써 관련자들에게 일을 진행하고 성공적으로 수행하는 데 필요한 정보를 제공한다. 사실 함께 일하는 사람들 사이에서 전체적인 비전이 명확하게 공유되지 못할 때가 많다. 그뿐만 아니라 그 비전을 이루는 과정에서 자신이 어떤 역할을 하는지가 불분명할 때도 너무 많다. 그래서 활용 가능한 자원을 제대로 제공하지 못하거나 필요한 자원을 가진 다른 적임자들을 찾지 못하는 일이 자주 발생한다.

임팩트 필터는 이러한 문제를 해결해주는 한 페이지짜리 문서이며 다음과 같은 질문들로 구성되어 있다.

- 무슨 프로젝트인가?

- 목적 : 무엇을 성취하고 싶은가?

- 중요성 : 이것이 가져올 가장 큰 변화는 무엇인가?

- 이상적인 결과 : 완성된 프로젝트는 어떤 모습인가?

- 최상의 결과 : 행동에 옮긴다면?

- 최악의 결과 : 행동에 옮기지 않는다면?

- 성공 기준 : 이 프로젝트가 끝나면 무엇이 사실이어야 하는가?

1. 프로젝트 / 초점

목적 무엇을 달성하고 싶은가? 동기가 무엇인가?	**3. 성공 기준** 이 프로젝트가 성공한다면 어떤 결과가 사실이어야만 하는가?
	1
	2
중요성 이것은 어떤 변화를 가져올 것인가? 이것은 어떤 영향을 미칠 것인가?	3
	4
	5
이상적 결과 완료된 프로젝트는 어떤 모습인가? 성과는 무엇인가?	6
	7
	8

2. 설득

최상의 결과 행동으로 옮겼을 때 무엇이 가능한가?	
최악의 결과 행동으로 옮기지 않았을 때 어떤 위험이 있는가?	

이름 :	날짜 :

일반적으로 사람들 대부분은 자신의 목표를 명확히 하거나 다른 사람에게 자신의 목표를 적절히 설명하는 데 시간을 들이지 않는다. 자신의 목표를 분명히 말하기보다는 혼자 간직하는 것이 보통이다. 임팩트 필터에 있는 질문에 답함으로써 당신이 무엇을 원하고, 왜 그것이 그렇게 중요한지 다른 사람들에게 설명할 수 있다.

목표를 분명하게 정하고 표현하는 능력은 성공하는 데 필요한 가장 중요하고 근본적인 기술 중 하나다. 목표가 명확하게 정의되고 설득력 있게 표현될 때 비로소 목표 달성에 필요한 지원을 받을 수 있다.

좀 더 직설적으로 말하자면 당신의 비전이 명확하게 정의되고 표현되면 훌륭한 사람들을 끌어들이는 것이 무척 쉬워진다. 무한한 재능과 기술, 즉 무한한 자원이 명확하고 설득력 있는 목표를 향해 나아가기를 기다리고 있다. 사람들은 목적에 끌리고 의미 있는 일을 찾아 그 일부가 되고자 한다. 사람들은 대체로 설득력 있는 명분을 원하며 거기에 끌린다. 당신의 비전은 협력자들을 돕고, 당신도 그들의 협력자가 되어 그들이 당신과 함께 비전과 목표를 성취하도록 돕는다.

달성해야 할 새로운 목표가 있거나 완수해야 할 프로젝트가 있을 때마다 한 페이지 분량의 임팩트 필터를 작성하라. 그것을 통해 생각을 명확히 하고 비전을 정의하고 궁극적으로는 비전을 실행할 적임자를 찾아라. 임팩트 필터를 잘 작성한다면, 즉 성공적으로 일을 완수했을 때 어떤 모습일지 명확히 설명한다면 적임자 본인이 해당 작업에 적합한 사람임을 분명히 알 수 있을 것이다.

목표와 비전이 명확하면 핵심 인재는 제 발로 찾아온다

이제 목표를 명확히 정의하고 다른 사람에게도 분명히 밝혔으니 '어떻게' 목표를 달성할지 알아내려는 노력을 자제해야 한다. 어떻게 대신 누구를 고민하는 것은 여전히 익숙지 않은 일이다. 만약 당신이 함께 일할 사람들을 찾는 데 익숙하지 않다면 그러기 위해 용기를 낼 필요가 있다.

당신은 이전의 습관으로 돌아가려 할지도 모른다. 다른 사람들이 당신의 일에 관여하고 싶어 하지 않을 거라며 자신을 설득하려 들 수도 있다. 적합한 사람을 쓸 여유가 없다고 생각할 수도 있고 당신이 훌륭한 리더가 아니라고 생각할 수도 있다. 온갖 종류의 핑계와 이유가 마음속에 넘쳐나면서 누구와 함께 일할지가 아니라 어떻게 일할지에 초점을 두려 할 것이다. 이전의 나쁜 습관으로 돌아가지 않게 주의해야 한다.

사람들에게 당신의 비전을 말하는 데는 분명 용기가 필요하다. 다른 사람을 참여시키려면 당연히 용기와 리더십이 필요하다. 댄 설리번은 이런 말을 자주 한다. "임팩트 필터의 목적은 스스로에게 비전을 설득하는 것이다. 자신을 설득할 수 없다면 다른 사람도 설득할 수 없기 때문이다."

그렇다면 당신은 자신에게 설득되었는가? 당신이 원한다고 말하는 것을 정말로 원하는가? 당신이 세운 비전은 타협할 수 없는 것인가? 그만큼 중요한가? 방금 작성한 임팩트 필터에는 이 프로젝트의 중요성, 성공하면 얻을 수 있는 이득, 실패하면 발생할 수 있는 손실과 문제를 분명히 규정해두어야만 한다.

스스로에게 물어보자. 당신은 이러한 것들을 분명히 알고 있는가? 그리고 이 목표나 프로젝트가 정말로 중요하다면 그것을 완수하기 위해 용기를 낼 것인가? 당신을 지원해줄 사람을 찾을 것인가? 그들의 자원을 당신의 자원에 보태 당신 자신을 확장하고 효능감을 확장할 것인가?

당신이 아직 깨닫지 못했을지도 모르는 미친 진실이 있다. 당신을 도와줄 사람을 반드시 구할 수 있다는 것 말이다. 당신을 돕고 싶어 하고 도울 수 있는 훌륭하고 유능한 사람들은 많다. 그들에게 당신의 비전을 말해주기만 하면 된다. 그들에게 간결하게 설명하라. 임팩트 필터가 그렇게 하도록 도와줄 것이다. 그런 다음 "누가 이 목표를 달성하게 도와줄 수 있는가?"라고 자문하라.

당신의 목표를 달성하는 데 도움을 줄 사람을 찾았다면 이제 그 사람이 참여해서 본격적으로 실행하게 해야 한다. 그러기 위해서는 반드시 당신의 비전이 그들의 비전과 일치하도록 할 필요가 있다. 또한 당신도 그들에게 유력한 협력자가 되어줄 수 있어야 한다. 당신의 비전 달성을 돕는 것이 그들의 비전을 달성하는 것과 연결되어야 한다. 그렇게 함으로써 그들 스스로가 되고자 하는 사람이 되는 데 도움이 된다면 당신은 협력자를 확보할 수 있다.

만약 당신이 협력자들을 찾는 데 능숙하지 않다면 어떻게 해야 할까? 그럴 때는 '협력자들을 찾아줄 협력자'를 찾아야만 한다. 예를 들어 내게는 행정 보조인 휘트니 비숍이 있다. 그녀는 사람을 찾아내고 가려내어 고용하는 전문가다.

미래에 대한 비전을 확장할 때마다 나는 그 비전을 명확히 하기 위해 임팩트 필터를 작성한다. 그런 다음 그 비전을 달성하는 데 어떤 사람이 필요한지 결정한다. 그리고 비숍에게 그 임팩트 필터를 준다. 그러면 내 비전에 매력을 느끼고, 자신이 그 일을 하고 싶다고 의사를 표시할 사람들을 비숍이 찾기 시작한다. 우리 팀의 효능감을 확장하는 데 필요한 자원을 자신이 갖고 있다고 생각하는 사람들 말이다.

함께 일할 사람들은 무수히 많다. 당신이 어떤 직책을 내걸고 어떤 조건을 제시하든 그 일을 원하는 사람을 찾게 될 것이다. 당신의 목표를 달성하는 데 필요한 바로 그 자원을 가진 적격자들은 정말로 많다. 그들은 당신이 하는 일의 일부가 되고 싶어 한다. 그뿐 아니라 당신이 할 수 없거나 하고 싶지 않은 일들을 진정으로 하고 싶어 한다.

당신과 함께 일함으로써 그들은 당신의 삶에 축복이 되고 당신 역시 그들 삶에 축복이 된다. 당신은 그들의 자원을 얻고 그들은 당신의 자원을 얻는다. 그들은 당신의 협력자가 되고 당신은 그들의 협력자가 된다. 서로가 서로에게 필요한 것을 충족시켜주며 시너지를 낼 수 있다. 이것이 바로 적임자들이 만나 함께 일할 때 발휘되는 힘이다.

예컨대 내가 비숍을 고용하지 않았다면 그녀는 지금의 그녀가 아닐 것이다. 그녀는 많은 돈을 벌어 가족을 부양할 뿐만 아니라 우리 팀의 리더로서 많은 기술들을 발전시켰다. 우리가 함께 일하지 않았다면 결코 없었을 일들이다. 그녀는 우리 팀에서 나와 함께 일하지 않았다면 읽지 않았을 책을 수십 권 읽었다. 그리고 그녀는 나와 다른 팀원들에게 이 직장이 그녀의 인생을 바꿔놓았다고 말했다.

마찬가지로 비숍이 없었다면 내가 어땠을지를 곰곰이 생각해봐도 흥미롭다. 그녀는 내 사업을 완전히 바꿔놓았다. 예전에 내가 받았던 스트레스의 많은 부분을 그녀가 덜어주었다. 비숍은 우리 팀을 만들고 훈련하고 꾸려나가는 사람이다. 그녀가 없었다면 내 목표들은 지금처럼 크지도 흥미진진하지도 못했을 터다.

생각해보면 정말 놀라운 일이다. 이미 준비되어 있으며 의욕적인 사람들, 당신이 해야 할 바로 그 일을 하고 싶어 하는 유능한 사람들이 줄을 서 있다는 사실 말이다. 당신이 해야 할 일은 그런 사람들에게 당신의 비전을 전달하고, 그 일의 성공적인 완수란 어떤 것인지 규정해주는 것뿐이다. 그들과의 관계를 발전시켜가는 동안 많은 변화가 찾아올 것이다. 원하는 결과를 만들어낼 만큼 당신의 능력이 향상되는 것은 물론이고 한 인간으로도 확장될 수 있다.

내가 비숍에게 임팩트 필터를 주면 그녀는 특정 일자리에 필요한 지원자들을 모집한다. 그리고 누가 가장 적임자인지 결정하는 그녀의 독자적인 절차를 거친다. 특정 역할에 필요한 특성과 기술, 후보자에 대한 그녀의 느낌, 개인적으로 함께 일하고 싶은 사람인가를 판별하는 등 그녀 나름의 기준들이 있다.

내가 그녀의 채용 절차를 정확히 알지는 못한다. 그것은 비숍의 절차이지 나의 절차는 아니기 때문이다. 그러나 나는 그 일을 하고 싶지 않았기에 비숍에게 맡겼다. 그러니 그 일은 내가 할 필요가 없는 일이다. 그것이 핵심이다. 나는 그런 일의 적임자가 아니므로 비숍에게 그 일을 '어떻게' 하라고 절대 말하지 않는다. 그 일에 뛰어나고 그 일을 좋아하는 사람은 내가 아니라 바로 그녀기 때문이다.

기업가와 리더들이 저지르는 가장 큰 실수 중 하나가 바로 이것이다. 중요한 것은 최종 결과인데 사람들을 세세하게 관리하고 특정 방식으로 업무를 하라고 강요하는 것 말이다. 그 일의 적임자에게 맡겼다면 어떻게 일하든 그 사람의 방식을 믿고 지지해줘야한다. 자신의 방식을 강요하거나 일하는 과정에 일일이 간섭하며 신경 쓰지 않도록 자제하라. 당신의 유일한 관심사는 그 일의 완수여야 한다.

만약 당신에게 비숍 같은 사람이 없다면 가능한 모든 곳에, 특히 사람들이 일자리를 찾는 곳에 당신의 비전 선언문을 게시해야한다. 소셜미디어를 활용하는 것도 좋다. 거기에 당신의 목표나 임팩트 필터를 공유하라. 두려워할 필요 없다. 당신의 목표와 비전을 공유함으로써 의외의 곳에서 협력자를 발견할 수 있으니 말이다.
나 역시 비숍을 그렇게 만났다.

"어떤 능력이 있다고 해서
반드시 그것을 사용해야 하는 것은 아니다."

━━━━━━ **Key Point** ━━━━━━

- 사람들은 미루기로 인생의 상당 부분을 낭비한다.

- 미루기는 목표가 있을 때 '누구?' 대신 '어떻게?'를 질문함으로써 생겨난다.

- 미루기는 웰빙을 가로막고 좌절의 감정을 불러오며 궁극적으로는 야망을 잃게 하
  는 등 부정적 영향을 미친다.

- 하지만 역설적이게도 미루기는 지혜로운 행위다. 내면의 천재성이 '이것은 굉장한
  목표다. 하지만 당신이 관련된 모든 일을 할 적임자는 아니다!'라고 말해주는 것이다.

- 리더십에는 비전을 명확하게 명시하는 것도 포함된다.

- 임팩트 필터는 한 페이지 분량으로 작성한다. 임팩트 필터는 비전이나 목표를 정
  의하고 왜 그것이 관련된 모두에게 중요한지 규정해주는 도구다.

- 대단히 큰 목표에 진정으로 전념해본 적이 없다면 '누가 이것을 달성하도록 도와
  줄 수 있을까?'라고 질문하는 게 어려울 수 있다.

- 당신을 돕기를 원하며 기다리는 명석하고 유능한 사람들은 수없이 많다. 그들이 당신의 비전을 듣고 이해하기만 하면 된다.

제3장

탁월한 협력자야말로
성공으로 가는 골든 티켓

**타인과 가장 잘 협력할 수 있는 사람이
최대의 성공을 거두게 된다.**
—앤드류 카네기

폴 하이스Paul Heiss는 중국에 본사를 둔 금속 주조 회사인 IBCC 인더스트리스 주식회사의 설립자이자 회장이다. 수십 년 동안 IBCC는 폐금속으로 트럭, 트랙터 및 고도로 복잡한 기계 부품을 만들어 고객들에게 가치를 제공해왔다.

하지만 2018년 4월 1일 모든 것이 바뀌었다. 도널드 트럼프 대통령이 수입 철강과 알루미늄에 부과되는 관세를 승인한 데 대한 직접적 보복으로 중국 관세청은 돼지고기 제품과 폐알루미늄에 대한 관세율을 25퍼센트 인상했다. 이것은 IBCC에 엄청난 위기였다. 그들의 고객은 60퍼센트 이상이 미국에 있고 세 개의 공장을 포함한 그들의 회사는 상하이에 있다. 그런데 하룻밤 사이에 운송비가 급등한 것이다. 어떻게 하면 미국의 고객들이 필요로 하는 부품을 합리적 가격으로 제공할 수 있을까?

캐터필러 같은 세계 최대의 건설 장비 제조사들 다수는 부품을 IBCC에 의존하고 있었다. 4월 1일 관세 부과가 승인된 후로 하이스는 고객사들의 전화를 받기 시작했다. 몹시 우려스러운 전화였다. 그들의 고객사가 관세의 영향을 받지 않는 유럽, 일본 및 세계 다른 지역에 본사를 둔 다른 회사들로 거래처를 바꿀지도 모를 일이다. 그렇다면 IBCC는 경쟁력을 어떻게 유지할 수 있을까?

이런 격앙된 상황에서 하이스는 제조 공장을 인도로 이전해야 할지도 모르겠다고 생각했다. 그는 몇 년 동안 '아마도 언젠가는' 공장을 인도로 이전해야 할 거라는 생각을 속으로 하고 있었다. 그런데 그 언젠가가 '오늘'이 되었다. 그의 고객들이 그를 절실히 필요로 하므로 그는 신속히 조처해야 했다.

하이스의 첫 번째 질문은 '인도에서 어떻게 제조를 시작하지?'였다. 한동안 혼란을 겪은 후 그는 잠시 생각을 멈췄다. 하이스는 진심으로 가장 좋은 결과를 가장 빨리 얻고자 한다면 질문을 바꿔야 한다는 걸 알았다. 설리번에게 교육을 받았던 하이스는 훨씬 더 나은 질문을 했다. "인도에서 제조를 시작할 수 있게 누가 도와줄 수 있을까?"

그런 다음 하이스는 신설될 현지 공장장 역할을 맡아줄 사람의 특성을 상세히 설명하는 임팩트 필터를 작성했다. 현지 공장장은 다음과 같은 특성을 지니고 있어야 했다.

- 인도 현지인
- 국제 비즈니스 경험이 있는 사람
- 제조업에 대한 경험과 지식이 있는 사람

당시 IBCC에는 인도인 직원이 없었기 때문에 하이스는 그의 비서 중 한 명에게 자신이 작성한 임팩트 필터를 주고, 현지 공장장을 찾는 임무를 맡겼다. 그러는 동안 하이스의 머릿속에는 '제조 공장을 어디에 건설하지?'라는 또 다른 시급한 문제가 떠올랐다. 제조 공장을 지을 만한 곳이 인도 전역에 수만 곳이나 되었다. 그가 후보지를 걸러내는 데는 수천 시간이 걸릴 테고, 현지 사정에 어두워서 사각지대도 수없이 생길 터였다.

그는 또다시 자신이 잘못된 질문을 하고 있음을 금방 깨달았다. 그에게는 방법이 아니라 사람이 필요했다. 시간이 넉넉지 않았기에 그는 가급적 최상의 결과를 얻기 위해 몰두했다. 그래서 그는 더 나은 질문을 했다. '이 공장들을 짓는 데 적합한 부지를 찾도록 누가 도와줄 수 있을까?'

하이스는 인도 총영사에게 연락했고 총영사는 인도 산업 개발의 선두 주자 한 명을 연결해주었다. 그 사람은 하이스를 위해 후보지를 추려서 '최상의 후보지' 몇 군데를 제시했다. 하이스는 그중에서 가장 적합한 곳을 골라 최종 결정을 내렸다. 그가 그 일을 직접 했다면 어땠을까? 분명 몇 개월 혹은 몇 년이 걸렸을지도 모른다. 하지만 하이스는 적임자의 도움을 받았고 며칠 만에 후보지 명단을 얻었다. 그에게는 몇 년이라는 시간적 여유가 없었으며 자신과 그의 고객들을 위한 최상의 결과가 즉시 필요했다.

공장 지을 곳을 결정한 후 그는 또 다른 난제에 직면했다. '인도에서 좋은 고철 공급업체를 어떻게 찾아야 할까?' 이때는 그가 질문을 채 마치기도 전에 스스로 알아차리고 질문을 바꾸었다. '인도에서 누가 우리에게 좋은 고철을 공급해줄 수 있을까?'

하이스는 공급업체로 선정할 수 있는 곳이 인도 전역에 수만 곳이나 됨을 바로 알았다. 공장부지와 마찬가지로 이것은 매우 중요한 결정이었다. IBCC 제품의 품질은 사용하는 재료의 품질에 따라 결정된다. 최고 품질의 고철을 가려내기 위해 잠재적 공급업체

100곳만 살펴보더라도 엄청난 프로젝트가 될 터였다. 하이스는 적합한 공급업체를 선정할 방법을 찾으려 노력하지 않았다. 공급업체를 찾아줄 사람이 필요하다는 것을 알고 있었기 때문이다.

그때 하이스는 최근에 퇴직한 인도 공급업체의 사장과 연결이 됐다. 하이스는 이 전문가를 컨설턴트로 고용했다. 그리고 자신들이 만드는 부품들을 설명해주었고 곧 최적의 공급업체 몇 곳의 리스트를 받았다. 그 후 하이스는 어떤 공급업체가 가장 좋을지 직접 결정하기 위해 여러 곳을 방문했다. 이들 모두는 하이스가 공격적으로 일을 추진해 신속히 다른 나라에서 공장을 가동할 수 있게 해주었다.

하이스는 그 모든 과업을 직접 하려고 애쓰는 대신 협력자들과 팀을 이뤄 진행했다. 덕분에 불과 5개월 만에 인도 공장이 가동될 수 있었다. 이처럼 신속하게 일이 진행된 것은 가히 초인적이라 할 정도다. 그러나 방법이 아닌 인재를 찾을 때는 결과가 중요하다. 그러니 과정에 집착하지 않아야 한다. 어떤 방법으로 할지는 협력자들이 알아서 하게 두어라. 그들이 지정된 기간 내에 원하는 결과를 도출할 거라 믿어라. 그들의 일하는 방식과 절차를 일일이 관리하려 들지 마라. 그들이 자기 일을 하도록 내버려두는 게 최선이다. 왜냐하면 당신이 아닌 그들이 전문가이기 때문이다.

2018년 4월 1일 관세 부과 이후 불과 18개월 만인 2019년 12월까지 IBCC는 인도의 공장들을 통해 총매출액의 거의 25퍼센트에 해당하는 2,000만 달러의 매출을 올렸다. 하이스는 새로운 팀을 통해 이런 성과를 얻을 수 있었고 덕분에 엄청난 자신감이 쌓였다. 이런 경험을 한 덕분에 이제 하이스는 과거보다 훨씬 더 빠르게 회사를 확장할 수 있음을 알고 있다.

이 일을 5개월 만에 해냈다. '그렇다면 우리는 또 무엇을 달성할 수 있을까?' 하이스는 궁금했다. '우리는 얼마나 더 크게 성장할 수 있을까?' 그의 머릿속에 온갖 가능성이 펼쳐졌다. 미래는 무한해 보였다. 방법이 아닌 협력자의 모색이 성장과 성공을 향해 나아가는 그의 골든 티켓이었다.

하이스의 회사가 더 기민하고 유능해진 것은 물론이고 하이스의 자신감도 커졌다. 이 경험 덕분에 크고 도전적인 과업을 신속하게 달성하기 위해 인재를 찾고 팀을 구성하는 그의 능력을 더욱 확신하게 되었다. 하이스가 해야 할 일은 비전을 명확히 표현해주는 것뿐이다. 그런 다음 그나 그를 보좌하는 직원 중 한 명이 효과적이고 효율적으로 그 일을 수행할 수 있는 적임자를 찾으면 된다. 하이스는 열정적으로 내게 이렇게 말했다.

"나는 '어떻게'가 아니라 '누구'에 초점을 맞출 때 내 잠재력이 사실상 무한함을 깨달았습니다. 내 목표들은 나로 제한되지 않습니다. 세상에는 무한히 많은 인재가 있고 내가 무엇을 달성하려 하든 그들이 역량을 보태줄 겁니다."

"창의적인 사람들은 항상 자신의 과거, 현재, 미래를 창조해낸다."

제대로 된 사람을 만나면 불가능이 가능으로 바뀐다

"궁극적인 성공을 어떻게 수량화할 수 있을까? 나에게는 사랑하는 일을 하는 데 얼마나 많은 시간을 쓰는가가 아니다. 싫어하는 일을 하는 데 얼마나 적은 시간을 쓰는가다."

-케이시 네이스탯

수년 동안 토니 콜드웰은 '어떻게 하면 더 나은 식사를 할 수 있을까?'라는 생각을 했다. 하지만 다른 질문을 하는 법을 배울 때까지는 제대로 된 답을 찾을 수 없었다. 그때 콜드웰은 '누가 더 나은 식사를 하도록 도와줄 수 있을까?'로 질문을 바꾸었다.

질문의 전환은 콜드웰에게는 혁명이었다. 그것은 이전에는 가능하지 않았던 아주 새로운 생각들을 끌어냈다. 그는 개인 요리사를 고용하면 더 잘 먹을 수 있을 거라고 결정했다. 그렇지만 콜드웰은 할 일이 많은 바쁜 사람인 데다 개인 요리사를 찾는 번거로운 과정을 겪고 싶지 않았다. 그는 책임져야 할 일이 많았기에 개인 요리사를 구하는 간단한 일이 그에겐 꽤 힘든 일처럼 느껴졌다.

그래서 한동안 미적거렸다. 하지만 그는 정말로 식사를 개선하고 싶었다. 복부 팽만감, 위염, 건강에 대한 걱정이 더 이상 참을 수 없을 만큼 심해졌기 때문이다. 콜드웰은 활력과 가뿐함을 느끼고 싶었고 더 멋있어 보이고 싶었다. 그는 현재 상황과 이 상황을 바꿀 수 없다는 사실에 넌더리가 났다.

콜드웰은 질문의 포커스가 잘못 맞춰져 있어 제대로 된 해답이 나오지 못하고 있음을 깨달았다. 그는 '어떻게 개인 요리사를 찾아서 고용할 수 있을까?'에서 '누가 개인 요리사를 찾고 고용하도록 도와줄 수 있을까?'로 질문을 바꿨다.

그렇게 질문을 바꾼 지 30초도 안 되어 요리사를 찾도록 도와줄 팀원이 떠올랐다. 콜드웰은 그녀에게 도움을 청했고 그녀는 "네, 제가 도와드릴 수 있어요."라고 흔쾌히 대답했다. 며칠 만에 콜드웰은 1주일에 5일 동안 그와 그의 가족을 위해 요리해줄 요리사를 고용했다. 콜드웰은 아무것도 할 필요가 없었다. 시간을 쓸 필요도 없었고 그 어떤 스트레스도 받지 않았다.

단순히 '어떻게' 대신 '누구'에 초점을 맞춘 질문을 함으로써 문제를 즉시 해결할 수 있었다. 또한 자신이 아닌 다른 사람이 문제를 해결하게 함으로써 훨씬 만족스러운 결과를 얻었다. 이제 콜드웰은 '어떻게'가 아닌 '누구'라는 질문을 삶의 모든 영역에 광범위하고 깊이 있게 적용한다. 개인적으로는 자신뿐만 아니라 가족의 생활과 시간도 개선하고자 한다. 콜드웰은 자신과 가족을 위해 더 건강한 음식뿐만 아니라 더 자주 즐거운 경험을 함께하기를 원한다.

콜드웰은 보험 유통 분야의 보험 대리점 개발자다. 그는 퇴직이 임박했지만 일에 있어서도 변화를 가져왔다. 모든 업무 영역에서 '누구'라고 질문하기 시작하자 이전에 그가 했던 각종 업무를 회사 내의 다양한 사람들에게 넘길 수 있었다. 그 결과 콜드웰은 은퇴하지 않기로 했다. "은퇴 대신 새로운 목적을 정하게 되었죠. 완전히 새로운 삶이 다시 주어진 것 같아요."라고 말했다.

이제 콜드웰은 비전을 제시하는 역할을 한다. 그러면서 그의 팀은 향후 3년의 예상 수익을 두 배로 늘릴 수 있었다. 다시 말해서 그들은 이미 비상할 준비가 되어 있었고 능력도 있었다. 단지 콜드웰이 방법에 초점을 맞춰 생각하기를 멈추고 회사의 더 큰 미래를 꿈꿀 시간과 공간을 가질 필요가 있었을 뿐이다. 이제 그는 멀리서 팀에게 영감을 주고 지원하는 일을 한다. 그리고 이전에는 보지 못했던 놀라운 투자 기회를 발견하고는 한다.

더 큰 비전에 집중하기 위해 콜드웰은 '어떻게'가 아닌 '누구'를 질문한다. 콜드웰에게 질문을 전환한 것은 마치 어두운 방에서 밝은 곳으로 걸어 나온 것과 같았다. 그는 '이 일을 어떻게 해야 할까?'라고 묻지 않는다. '이 일을 실현하려면 내부 또는 외부에서 누구를 데려와야 할까?'라고 묻는다. 그러자 전에는 불가능했던 온갖 일이 갑자기 가능해졌다. 이제 그는 예전보다 더 큰 프로젝트들을 추진하고 있다. 또한 너무 오랫동안 미뤄왔던 개인적인 일들을 위해 과감하게 일정을 비운다.

일, 책임, 권한을 주면 사람은 무한 성장한다

최근에 그는 자신의 이메일을 관리할 책임을 비서에게 맡겼다. 비서에게는 그 일이 도전이자 변화였다. 하지만 그녀는 그 일을 받아들였고 시간이 지나면서 자기 일로 여겼다. 나아가 기회와 책임을 넓혀갔고 그 결과 더 유능해졌으며 결국 성공하게 되었다. 이메일(그리고 기타 하위 수준의 업무나 결정)을 처리하지 않음으로써 콜드웰에게는 훨씬 더 많은 시간이 생겼다.

그가 몇 년 동안 미뤄왔던 일 중 하나는 자가용 비행기의 조종이었다. 그것을 미뤄둔 이유는 뻔했다. 자가용 비행기를 조종하려면 몇 주씩 사무실을 비우고 떠날 수 있어야 하는데 전에는 도무지 그럴 만한 시간이 없었기 때문이다.

이제 그에게는 시간과 자유가 있다. 일할 방법을 알아내기 위해 스스로에게 불합리한 압박을 가하지 않고 협력자들을 활용한 덕분에 시간과 자유가 생겼다. 직장에서 스트레스를 받고 탈진하는 대신 이제 콜드웰은 비행에 많은 시간을 할애한다. 때로는 몇 주씩 휴가를 내어 비행하고 즐기며 회복의 시간을 갖는다.

스트래티직 코치 모임에서 방법이 아닌 사람이 중요하다는 개념을 들은 지 90일 만에 일어난 변화였다. 콜드웰은 예전에 그가 직접 했던 업무들을 처리해줄 사람들을 찾아서 맡겼고, 현재와 미래의 수천 시간을 확보했다. 그런 변화를 겪으며 콜드웰은 내게 이렇게 말했다.

"모든 것을 비워냈기 때문에 비울 시간을 찾기가 조금 더 어려워지고 있습니다. 하지만 나는 여전히 더 비워내려 합니다. 아직도 200시간에서 300시간 정도의 업무들을 적임자에게 맡기고 싶습니다. 그래서 '자, 이 업무들을 어떻게 없앨까?' 하며 스스로에게 질문하고 있습니다."

당신은 어떤가? 자기 시간을 낭비하고 고통스럽게 쓰는 것을 이제 멈출 것인가? 그 일을 더 잘할 수 있는 사람에게 맡길 것인가? 이러한 변화는 작게 시작해도 된다. 작은 승리를 하나씩 거둠으로써 자신감이 생기고, 차츰 당신이 원하는 삶을 만들어갈 수 있다는 느낌이 강해진다.

미래의 자신에게 불필요한 모든 업무 또는 방해 요소를 없애는 것부터 시작하라. 흔히 우리는 습관적으로 일을 한다. 그래서 모든 일을 자기가 직접 처리하려 든다. 그런 것들을 완전히 없앨 수 있다면 그렇게 하라. 미래의 자신이 고마워할 것이다.

"고립은 환각의 비옥한 토양이다."

90일 단위로 목표를 설정하고 시간을 활용하는 법

폴 하이스가 중국에서 인도로 공장을 이전하는 데는 5개월이 걸렸다. 그가 인도의 새 공장을 통해 매출을 2,000만 달러 더 올리는 데는 18개월이 걸렸다. '어떻게'가 아니라 '누구'를 질문한 덕에 믿기 힘들 정도로 진행이 빨랐지만, 그가 원했던 진전을 이루는 데는 여전히 시간이 걸렸다.

하루아침에 거창한 목표를 달성할 수는 없다. 어떤 목표는 너무 커서 달성하는 데 몇 년이 걸릴 수도 있다. 그래도 90일이라는 시간 동안 우리는 엄청난 진전을 이룰 수 있다. 목표를 90일 단위로 나누는 것은 집중과 동기부여에 도움이 된다. 목표를 작은 단계들로 나눔으로써 바로 앞에 놓인 일에 곧바로 집중할 수 있기 때문이다. 가시적이고 단기적인 진전을 이룬 다음 90일마다 뒤돌아보고 가시적인 진전을 측정해보라. 이는 발전하고 있다는 느낌을 주고 추진력을 높여준다.

댄 설리번은 90일마다 자기 시간을 최대한 활용할 수 있게 도와주는 '무빙 퓨처'Moving Future라는 프로세스를 개발했다. 그런데 흥미롭게도 무빙 퓨처는 지난 90일 동안 자신이 달성한 것들에 대한 성찰에서 시작한다. 이는 발전하는 느낌을 주고 추진력을 얻게 해준다.

다음은 90일마다 시간 사용을 개선하도록 도와주는 한 페이지 분량의 무빙 퓨처 프로세스에 있는 질문들이다.

- 지난 분기를 돌이켜볼 때 당신의 성과 중 가장 자랑스러운 것은 무엇인가?

- 현재 가장 자신감을 느끼게 하는 중점 분야와 발전 분야는 무엇인가?

- 다음 분기를 전망할 때 새로운 개발 계획, 프로젝트, 목표 중 어떤 것에 가장 큰 설렘을 느끼는가?

- 어떤 일이 일어나든 상관없이 앞으로 90일을 멋진 분기로 만들어줄 다섯 가지 새로운 '도약'(진전)을 지금 달성할 수 있는가?

90일마다 시간을 더 의도적으로, 더 잘 사용함에 따라 당신은 더 많은 것들을 달성할 수 있다. 얼마나 많은 것을 이루었는지 되돌아보면 깜짝 놀랄 것이다. 당신이 만들어내는 발전이 즐거울 것이며 90일마다 당신의 미래에 대한 기대감이 커질 것이다.

당신은 90일마다 업무 방법을 더 잘 찾아서 완수해줄 사람들을 추가해 자신의 업무를 없앨 수 있다. 90일마다 진전을 보임에 따라 당신의 자신감은 커질 것이다. 당신의 비전 역시 커질 테고 협력자를 추가하고 싶은 욕구도 커질 것이다.

위에 제시된 설리번의 무빙 퓨처 프로세스의 질문들에 답해보고 앞으로 90일 동안 달성하고자 하는 프로젝트나 목표를 명확히 하라. 그런 다음 '이것을 달성하도록 도와줄 수 있는 사람이 누구일까?' 자문해보라.

도전 과제

당신이 선택한 삶의 어떤 영역이든 앞으로 90일 동안 당신의 목표 달성을 도와

줄 사람을 적어도 한 명 추가하라. 그 한 사람을 추가함으로써 당신은 더 노력하

게 될 것이며 행동은 개선될 것이다. 그 결과 그 영역에서 더 큰 성과를 낼 수 있

다는 자신감이 앞으로 90일 동안 커질 것이다.

"나중에 기억되기보다 지금 도움이 되는 것이 더 만족감을 준다."

=========== **Key Point** ===========

- '어떻게'라는 질문을 멈추고 '누구'라는 질문을 시작할 때 당신의 잠재력은 사실상
  무한해진다.
- '누구'라는 질문을 할 때 '어떻게'를 질문할 때보다 10배, 심지어 100배 더 빠르게
  결과를 산출할 수 있다.
- '어떻게'가 아닌 '누구'라는 질문은 개인적인 면과 직업적인 면 모두에 적용될 수
  있다.
- 함께 일할 사람들을 찾음으로써 당신의 시간을 수천 시간 확보할 수 있다.
- '어떻게'라는 질문에서 벗어나면 목적의식이 새로워지고 명료해진다. 그러면 마치
  다른 삶이 주어진 것처럼 느껴질 것이다.

- 90일마다 삶의 모든 영역에서 당신의 야망을 지원해줄 사람을 구하라. 그럼으로써 당신의 시간과 에너지, 집중력을 확보할 수 있다.

제2부

경제적 자유

제4장

시간은 돈과 기회, 그 이상을 창출한다

"효율성은 일을 올바르게 하는 것이다.
유효성은 올바른 일을 하는 것이다."
—피터 드러커

1997년 딘 잭슨은 토론토에서 올랜도로 이사했다. 그는 토론토에서 부동산 중개인으로 일했지만 친구 조 스텀프와 동업해 부동산 중개인을 코칭하는 사업을 하기로 했다. 잭슨은 한 달에 1주일은 코칭 행사를 개최하는 곳이면 어디든 날아갔고, 나머지 3주는 재택근무를 했다.

잭슨은 올랜도로 이사하고서 1주일에 한 번 그의 아파트를 청소해줄 맨디를 고용했다. 잭슨은 맨디가 집 청소 외의 일을 해줄 수도 있겠다는 생각이 들었다. '1주일 동안 생활하는 데 필요한 모든 집안일을 그녀가 해준다면 어떨까?' 그는 궁금해졌다. 집 청소와 세차, 빨래, 냉장고 채우기 등 1주일 내내 아파트에서 생활하는 데 필요한 모든 일을 맨디가 해준다면 어떨지 말이다.

잭슨은 맨디에게 그런 추가 업무를 맡는 데 관심이 있는지 물었다. 그 대가로 급여를 인상해주고 여러 사람에게 적극 추천해주겠다고 했다. 맨디는 제안을 받아들였고 즉시 잭슨의 모든 집안일을 처리해주었다. 매주 아파트는 마치 새롭게 설정된 듯 필요한 모든 것이 구비되어 있었다. 깨끗한 차와 깨끗한 집, 깨끗한 세탁물, 가득 채워진 냉장고까지.

그는 더 이상 그 어떤 것도 생각할 필요가 없었다. 그의 시간이 늘어났고 그에 따른 그의 정신적 자유가 업그레이드되었다. 덕분에 업무 능력이 향상되었고 수입도 급격히 증가했다. 맨디는 잭슨에게 대단히 훌륭한 협력자였다. 마찬가지로 잭슨도 맨디에게 협력자였다. 그녀는 가사도우미 일은 물론 그 일로 얻는 수입을 좋아했다. 게다가 잭슨은 맨디에게 친절한 장기 고객이었다.

사람에게 투자하면 그들의 시간과 자원을 활용할 뿐만 아니라 당신의 시간과 관심을 가장 가치 있는 활동에 집중할 수 있다. 나아가 정신적, 물리적 자유도 함께 얻는다. 그 결과 당신은 일에서 더 성과를 내고 수입도 향상된다. 이것이 바로 경제적 자유다.

협력자들을 늘리지 않고는 경제적 자유를 늘릴 수 없다. 경제적 자유란 정확히 어떤 의미일까? 당신이 가진 그 어떤 문제든지 해결할 수 있을 정도의 충분한 돈이 있는 상태다. 이와 관련해서는 제6장에서 자세히 설명할 것이다. 문제를 해결할 돈이 충분히 있다면 문제는 없는 것과 같다.

이 경험 이후로 시간이 흐르면서 잭슨은 인생에서 무엇을 원하는지 정의해보았다. 다음은 잭슨이 자신의 경제적 자유를 확인하기 위해 정리한 목록이다.

성공한 삶인지를 확인하기 위한 잭슨의 목록

1. 매일 아침 일어나면서 '오늘은 무엇을 하고 싶어?'라고 자신에게 물을 수 있다.

2. 나의 불로수입passive revenue이 내 삶을 영위하는 데 필요한 돈보다 많다.

3. 나는 내가 선택한 세계 어디에서나 살 수 있다.

4. 나는 내가 흥미를 느끼고 최선을 다할 수 있는 프로젝트를 진행하고 있다.

5. 내가 몇 달 동안 사라지거나 일을 안 해도 수입에 아무런 영향을 주지 않는다.

6. 투덜대는 사람은 내 인생에 없다.

7. 나는 단지 귀한 제품이라 시계를 차고 다닌다.

8. 내게 시간적 의무나 마감일은 없다.

9. 나는 항상 원하는 옷을 입을 수 있다.

10. 나는 언제든 일을 그만둘 수 있다.

이것은 잭슨이 내린 성공의 정의다. 이는 그가 삶의 거의 모든 영역에서 협력자를 찾도록 이끌었다. 몇 년이 지난 지금도 잭슨은 맨디에게 모든 집안일을 맡긴다. 잭슨의 행정 보조인 릴리언은 그에게 사업상 요구되는 것들을 처리한다. 모든 서류, 이메일, 전화, 청구서, 잭슨의 일정은 릴리언을 거친다.

스튜어트는 잭슨 회사의 최고운영책임자다. 잭슨은 새로운 아이디어가 떠오를 때마다 스튜어트에게 이야기한다. 스튜어트가 그 아이디어를 현실로 만들어줄 책임을 지고 있기 때문이다. 스튜어트는 팀의 리더이며 잭슨이 구상한 프로젝트에 필요한 팀원을 뽑는다.

이 모든 사람과 그 외의 더 많은 사람은 잭슨이 그의 삶에서 자유와 성공을 창출하도록 도와주는 협력자들이다. 마찬가지로 잭슨은 그 협력자들의 협력자로 그들이 자신의 목표를 달성하도록 도와준다. 방법이 아니라 사람이 중요하다는 개념을 만든 이가 잭슨이며 그 개념을 확장하고 다듬은 이가 댄 설리번이다.

그와 설리번은 '미루기의 기쁨'The Joy of Procrastination이라는 팟캐스트를 개설해 기업가정신과 자유에 대해 토론한다. 잭슨이 볼 때 사업에는 두 가지 문제가 있는데 바로 기술적 문제와 적응의 문제다.

기술적 문제는 답이 이미 알려진 경우다. 어떻게 하는지 알아내기만 하면 된다. 예를 들어 오픈프레스OpenPress에서 웹사이트를 개설하려 한다면 그것은 기술적 문제다. 그 문제를 해결하게 도와줄 사용 지침서, 유튜브 동영상, 사업체들이 있다. 기술적 문제라면 '누가 나를 위해 이 일을 해줄 수 있을까?' 하고 질문하는 것이 가장 좋다. 왜일까? 만약 '어떻게 블로그를 개설할 수 있을까?'라고 묻는다면 그와 관련된 일을 직접 해야 한다. 거대하고 장기적인 노력을 들여서 말이다.

잭슨은 이렇게 설명한다.

"개인으로서 당신의 시간과 관심은 순차적이고 한정적이다. 한계가 있다. 그러므로 스스로 '어떻게'를 물으면 당신이 어디서 배워야 하는지 알아내야 하고, 당신이 실제로 그것을 하는 법을 배워야 한다. 일단 방법을 배우면 예측할 수 없는 미래에 당신이 그 일을 해야만 한다. 미래의 어느 시점에 누군가를 고용해야겠다고 결정한다면 당신이 그들을 훈련해야 할 것이다."

잭슨은 시간도 매우 중요하다고 믿지만 사실 가장 중요한 것은 관심이라고 말한다. 우리의 관심은 항상 어떤 것에 100퍼센트 집중된다. 그것이 주의를 산만하게 하는 요소라도 말이다. '어떻게?'

라는 질문의 문제점은 기본적으로 자신에게 '나는 이 과업에 유한한 나의 관심을 쏟을 용의가 있다. 그것을 배울 방법을 알아내고, 배우고, 실제로 하고, 언젠가는 다른 사람에게 그 방법을 훈련시킬 것이다.'라고 말하는 것과 같다. 이러한 생각은 시간을 사용하는 방식에 부정적인 영향을 미치고, 이는 경제적 자유에 직접적 영향을 준다. 안 좋은 쪽으로 말이다.

경제적 자유는 시간과 관심을 더 영향력 있는 활동에 집중할 때 생긴다. 더 많은 돈을 벌려고 노력하면 훨씬 더 많은 돈을 벌 수 있다. 너무 많은 업무에 쏟았던 관심을 덜어줄 사람을 고용해 관심과 에너지를 직접적으로 수익을 증가시키는 곳에 집중적으로 쏟으면 된다. 그렇게 함으로써 더 많은 돈을 벌 수 있다.

그렇다면 우리 자신에게 물어보자. 정말로 이 과업에 관심을 기울이고 싶은가? 시간을 더 멋지고 흥미롭게 쓸 수 있는가? 자신을 위해 그 일을 해줄 사람, 그 일을 하고 싶어 할 뿐 아니라 기회를 준다면 우리를 자신의 협력자로 볼 사람을 찾을 수 있는가?

'누구'를 질문할 때 우리의 능력과 자유는 바로 향상된다. 잭슨은 협력자들을 공구 벨트처럼 생각한다. 어떤 업무를 처리해줄 사람을 추가할 때마다 워드프레스 블로그 개설 능력 같은 기술들이 공구 벨트에 즉시 추가되는 것이다.

'어떻게'라는 질문은 당신의 시간과 관심을 필요로 한다. '누구'라는 질문은 다른 사람의 시간과 관심을 필요로 한다. 잭슨에 따르면 기술적 문제와 달리 적응의 문제adaptive problem에는 알려진 답이 없다. 정답이 없기 때문에 창의적인 사람이 필요하다. 바로 그런 영역에서 당신이 적임자가 되어야 한다. 지금까지의 모든 발명과 혁신은 창조자 역할을 하며 적응의 문제를 해결한 사람들에 의해 이루어졌다.

잭슨은 제품을 만들고 사람들을 코칭하고 팟캐스트를 운영하기로 선택했다. 그 일들은 그와 그의 사업에 있어 적응의 문제이기 때문이다. 누구도 잭슨이 하는 말을 하지 못하고, 잭슨이 하는 생각을 하지 못하고, 잭슨이 분석하는 대로 분석하지 못한다. 그 일은 잭슨이 가장 잘할 수 있다. 그는 자신의 뇌와 비전에 직접 접근할 수 있는 유일한 사람이므로 오직 자신만이 할 수 있는 일에 몰두한다. 그것을 제외한 다른 모든 일은 그 일을 더 잘할 수 있는 다른 사람이 한다.

> **"다른 사람들을 위해 할 수 있는 가장 유용한 일은
> 그들의 가치를 인정해주는 것이다."**

싫어하는 일을 포기할 때 찾아오는 성공과 부의 기회

"문명은 생각하지 않고도 수행할 수 있는 작업을 늘림으로써 발전한다."

-앨프리드 노스 화이트헤드

"나는 일단 결정하면 두 번 다시 생각하지 않았다."

-마이클 조던

제이컵 몬티Jacob Monty는 텍사스주 휴스턴에서 노동 및 이민 변호사로 일하고 있다. 지난 10년 동안 그는 이전에는 자신이 해야 한다고 생각했던 많은 일을 그만두었다. 그중 하나는 운전이다. 1994년 설리번이 다른 일에 시간과 관심을 집중하기 위해 직접 운전하지 않는다는 것을 알게 되었을 때 몬티도 이에 고무되었다. 몬티는 운전사를 고용했고 그 결과 회의에 늦는 일이 더는 없어졌다. 더 이상 스트레스를 받지도 않았다. 출근하는 동안 운전이 아닌 회의 준비를 하므로 회의에서도 훨씬 준비된 모습을 보였고, 실제로 회의의 성과도 좋아졌다.

몬티는 우버가 생긴 이후로는 출장을 가는 곳마다 우버를 이용했다. 그에게는 운전보다 업무를 보거나 통화를 하는 것이 차에서 보내는 시간을 훨씬 잘 활용하는 방법이기 때문이다. 우버의 이용으로 몬티는 하루 90분가량을 절약할 수 있었다. 덕분에 업무 처리가 더 우수해졌을 뿐만 아니라 전반적인 삶의 질이 향상되었다. 그는 목적지에 도착해서 서두르지 않아도 될뿐더러 늦지도 않았다. 더 이상 주차 공간을 찾거나 주차장을 가로질러 달리느라 시간을 허비할 일도 없었다. 그는 그냥 가야 할 곳에 도착한 뒤 문 앞에 내리면 된다.

몬티의 스트레스 수준은 이전보다 훨씬 낮다. 중요한 회의에 들어갈 때 그의 정신은 또렷하고 집중력도 더 높다. 그의 마인드셋과 에너지도 더 좋다. 회의는 훨씬 더 영향력 있고 리더십은 더 효과적이다. 몬티는 성공했고 전반적으로 더 행복하다.

우버의 이용에 약 50달러를 지출하고 운전 업무를 담당할 사람을 찾음으로써 몬티는 회의에서 10배의 효과를 낼 수 있게 되었다. 이것은 그에게 수만 달러 심지어 수십만 달러의 가치가 있다.

몬티는 90분의 출퇴근 시간을 회의 준비에 사용하기 때문에 회의가 훨씬 더 알차게 진행되고 더 큰 기회를 만들어낸다. 하지만 회의 준비만 하는 게 아니다. 새로운 프로젝트의 구상처럼 다른 일에 대해 깊이 생각하거나 잠재적 고객이나 협업자에게 연락할 때도 많다. 몬티는 시간을 비우면서 정신도 자유로워졌다. 그리고 자유로워진 정신으로 더 많은 돈을 벌어들일 기회를 만들 수 있었다.

심리학에는 결정 피로decision fatigue라는 개념이 있다. 많은 것들을 염두에 두고 결정을 저울질할 때 에너지와 의지력이 소진될 수 있음을 뜻하는 용어다. 주차 공간을 찾거나 회의에 늦을까 봐 걱정하는 등의 작은 스트레스 요인도 마음에 부담을 줄 수 있다.

다양한 업무에서 해방될 때 시간만 자유로워지는 게 아니다. 마음을 해방시켜 다른 곳으로 갈 수 있게 해준다는 점이 아마 더 중요할 것이다. 마음이 자유로워지면 창의적인 일을 생각하기 더 쉬워진다. 우리 모두 그렇다. 이전에 생각하지 못했던 새로운 기회를 찾을 수도 있고 교육이나 멘토링, 협업에 투자할 수도 있다.

몬티는 운전과 관련된 많은 결정에서 마음이 해방되었다. 정지 신호, 신호등 등에 대응하는 대신 그런 결정을 내릴 사람을 고용했다. 다른 사람이 그런 결정을 내릴 동안 몬티의 마음은 그가 원하는 곳에 집중한다.

당신은 어떤가? 지금 당신의 마음은 현재 당신이 생각하는 것에 머물러 있는가? 당신이 시간을 비울 때까지 당신의 마음은 그 안에 갇힐 것이다. 시간이 자유로워질 때 마음도 자유로워진다. 자유로운 마음 상태가 되면 당신의 생각은 더 확장되고 더 높은 수준으로 올라갈 수 있다.

그러면 어떤 일이 벌어질까? 자신에게 더 큰 믿음을 갖게 된다.

더 나은 생각, 더 새로운 생각을 하게 된다. 자기 계발과 교육에 집중하고 기술과 기능을 연마할 시간과 에너지가 생기게 된다. 비전이나 서비스를 혁신하거나 확장할 시간이 생기게 된다.

마음이 자유로워지면 생각만 하는 게 아니다. 당신에 의해서가 아니라 당신을 위해서 이미 무대가 마련되어 있다. 그러니 무대에 등장해 훌륭한 성과를 보여줄 에너지도 생긴다. 온갖 방법과 전략을 실행하는 데 시간을 쓰는 대신 그 시간과 마음의 자유를 보다 핵심적인 일에 사용함으로써 탁월한 성과를 보여줄 수 있다.

당신은 충분히 준비되어 있을 것이며 당신이 등장할 때는 생기가 넘칠 것이다. 자기 일에서 '세계적인 수준'이 되거나 놀랍도록 뛰어난 수준이 될 정도의 넓은 스펙트럼과 집중력을 갖게 될 것이다. 성공하면 그에 따라 요구도 늘어나게 된다. 그리고 그런 요구의 대부분을 막아주고 처리해줄 사람들이 필요해진다. 그러지 않으면 업무가 넘쳐나 옴짝달싹 못하게 될 것이다.

높은 성과와 지속적인 기술 개발은 강한 집중력과 몰입을 요구한다. 그런데 성공할수록 몰입에 이르기가 점점 어려워질 수 있다. 지금까지의 성공 방식이 미래에도 똑같이 유효하지는 않을 것이기 때문이다. 단계별로 계속 성장하기 위해서는 그에 맞는 방식이 필요하다. 당신의 일과 영향력이 더 커지고 그에 따라 일은 점점 더 복잡해진다. 따라서 그 복잡해지는 일을 처리해줄 사람들이 필요하다.

많은 결정을 내려야 하면 그만큼 몰입이 방해를 받는다. 그 외에도 의지력이 소진되고 궁극적으로는 비전이 고갈된다. 주요 업무뿐 아니라 사소한 업무 대부분을 처리해줄 사람이 필요하다. 그들이 그 업무들을 맡아줌으로써 당신에게는 여유가 생길 것이다.

그 여유와 함께 당신의 비전이 확대되고, 비전이 확대되면 당신 삶의 질이 올라가고 수입은 더 늘어나게 된다. 운전을 포기한 우리의 친구 몬티가 그랬듯이 말이다. 그의 스트레스 수준은 급감했고 집중력은 향상되었으며 수입은 늘어났다. 사람에게 투자하기 시작하면 당신도 그렇게 될 수 있다.

자유로운 마음을 원하는가 아니면 갇힌 마음을 원하는가? 수많은 일과 세부 사항들을 일일이 처리하다 보면 결정 피로가 누적된다. 그것을 혼자 감당하는 대신 사람을 추가하는 단 한 가지 결정을 하면 삶에 어떤 일이 일어날까? 사람에 투자하기를 미룰수록 우리의 사고는 더 제한된다. 반대로 사람에 투자할수록 사고는 더 확장되고 가능성은 커진다.

나는 방법이 아니라 사람을 중시하는 원칙을 적용한 순간 결정 피로가 확연히 줄어드는 것을 느꼈다. 내 첫 번째 책인《최고의 변화는 어디서 시작되는가》를 출간했을 때 나는 모든 일을 혼자 처리했다. 미디어와 팟캐스트 일정을 전부 내가 잡았고 출판사와 직접 접촉했다. 약속 시간은 말할 것도 없고 많은 의사결정과 정신노동이 필요한 모든 일을 직접 정리했다. 그러고 나서는 책을 홍보하기 위한 인터뷰를 하러 갈 에너지를 끌어모아야 했다.

이것은 현명하지 못한 방식이었다. 그 모든 복잡함과 의사결정을 나 자신에게 강요함으로써 시간에 쫓겼을 뿐만 아니라 의지력도 고갈되었다. 어째서 의지력만으로는 안 되는지에 관한 책을 썼음에도 불구하고 나는 그 책을 출간하면서 의지력에 의존하고 있었다. 정말 어리석었다.

의지력만으로는 감당할 수 없었다. 나는 책이 출간되기도 전에 지쳐서 출간 후에는 마케팅을 계속할 여력이나 시간이 없었다. 그 결과 베스트셀러에 오를 만큼 많은 부수를 판매한다는 목표를 달성하지 못했다. 나는 방법에 지나치게 매달려 있었다. 복잡하고 도전적인 목표에 사로잡혀 초점을 잃었고 그 결과 자신감도 잃었다. 모든 일을 직접 하다 보니 결과가 나빴다. 따라서 나의 경제적 자유 또한 줄었다. 자유를 늘리고 성과를 높이려면 투자를 해야 한다. 더 열심히 일하기만 할 게 아니라 한 단계 나아가 더 나은 방법으로 더 똑똑하게 일해야만 한다.

다행히 두 번째 책《최고의 변화는 어떻게 만들어지는가》의 출간을 준비하고 있을 무렵 나는 꽤 오랫동안 설리번에게서 방법이 아니라 사람을 찾는 법을 배운 상태였다. 일정 관리, 미디어와 관련된 이메일 등을 혼자서 전부 처리하지 않았다. 그 대신 나는(더 정확히 말하면 내 비서인 비숍을 시켜) 그 업무를 전적으로 맡아줄 사람을 고용했다. 내가 해야 할 일은 내가 찾는 사람, 즉 조직적이고, 이메일을 처리하고, 약속을 잡고, 다자관계를 관리하는 데 능하며, 나를 위해 모든 것을 수월하게 해줄 사람에 대해 정확히 설명하는 임팩트 필터를 작성하는 것뿐이었다.

코니는 나의 비전과 그녀의 역할을 명확히 규정해놓은 임팩트 필터를 읽고서 곧바로 자신이 적임자라 여겼고 팀에 합류했다. 그녀는 그 일들을 자신이 훌륭히 해낼 수 있다고 믿었다. 그녀가 할 일은 결과에 초점을 맞춰 객관적으로 서술되어 있었다. '2020년에 200개의 팟캐스트에 출연하게 준비해준다. 그 과정을 아주 쉽게 만들어서 나는 출연만 하면 되도록 한다.' 그 업무를 완수하는 데는 출판사 홍보 담당자 및 주요 관계자와 논의한 다음 홍보 문안을 작성하고, 일정을 잡고, 다양한 이들과 연락을 주고받는 것도 포함되어 있다.

팟캐스트 출연을 시작할 때 내가 해야 할 일은 일정표를 보고 팟캐스트에 나가는 것뿐이었다. 2020년 2월부터 아침에 일어나 하루에 5개의 팟캐스트 일정을 소화했다. 팟캐스트를 녹화할 장소를 안내하는 링크가 이메일로 와 있고는 했다. 나는 아무것도 생각할 필요가 없었다. 그저 무대에 오르기만 하면 되었기에 결정 피로는 전혀 느끼지 않았다. 수백 가지 조치와 결정을 코니가 이미 해두었기 때문이다.

무대는 준비되어 있었다. 무대 준비와 관련된 모든 일을 처리할 필요가 없었기에 나는 그냥 가서 출연만 하면 되었다. 결정 피로에 의해 의지력이 소진되지 않았다. 다양한 사람들을 상대하고 수백 개의 팟캐스트 일정을 잡는 대신 나를 위해 그 일을 해줄 사람, 코니를 곁에 두었다.

코니의 고용은 투자였다. 그녀를 고용하는 데 돈을 쓰지 않도록 여러 핑계를 댈 수도 있을 터였다. 하지만 그렇게 했다면 나의 비전과 내가 할 수 있는 일들 상당 부분이 제한되었을 것이다. 사람을 쓰지 않았다면 오로지 내가 하고 싶은 일만 하는 데 집중할 시간이 없었을 테니 내 목표는 줄어들었을 것이다. 코니를 고용하지 않았다면 나의 시간적 자유는 줄었을 테고, 이는 곧바로 나의 경제적 자유를 제한했을 것이다. 만일 그랬다면 어땠을까? 궁극적으로 내게 득이 될 게 전혀 없다.

하지만 코니와 함께 일하면서 내 목표는 실제로 커졌다. 나는 팟캐스트 출연을 1년에 600회로 늘리기로 결심했다. 나 혼자서는 그것이 가능하게끔 준비하는 것이 불가능했을 터였다. 그러나 코니의 도움으로 가능해졌고 스트레스도 없었다. 그녀에게 그것은 큰 도전이었지만 흥미진진한 도전이기도 했다. 그녀는 그 일을 좋아했고, 그녀의 기여 덕에 내가 비전과 목표를 확장하는 것을 보면서 성취감을 느꼈다.

나는 점점 커지는 비전과 쉬워진 실행에 매우 신이 났다. 그래서 코니에게 투자하고 싶었다. 만약 우리가 새로운 큰 목표를 달성한다면 1만 달러를 보너스로 주겠다고 그녀에게 말했다. 학교로 돌아갈 계획이었던 코니는 보너스로 등록금 대부분을 충당할 수 있으리라는 생각에 흥분했다. 사람을 고용한다는 한 가지 결정을 내리자 팟캐스트 일정을 잡는 것에 대해 내가 다시는 생각할 필요가 없어졌다. 그 외에도 얻은 것이 무수하다.

어떤 사람들은 코니 같은 사람에게 투자하지 않는다. 투자가 아니라 비용으로 보기 때문이다. 그들은 사람을 고용하면 어떻게 그들의 비전을 높이고 시간을 자유롭게 해줄지 생각하기보다 지급해야 할 돈의 액수를 걱정한다. 내가 책을 쓰고 팟캐스트를 녹화하는 데 쓴 시간은 내가 팟캐스트 일정을 잡는 데 쓴 시간보다 최소 10배에서 100배 정도의 가치가 있다. 만약 내가 팟캐스트 일정을 잡는다면 나의 시간적 그리고 경제적 자유의 가능성은 훨씬 줄어들었을 것이다.

코니가 내 비전을 지원하게 함으로써 나는 더 많은 시간과 돈을 갖게 되었다. 결과적으로 코니와 나는 둘 다 그런 관계가 없었을 때보다 더 크게 성공했다. 나는 그녀의 도움으로 더 많은 것을 성취하면서 더 많은 수입을 올리고 있다. 내 수입이 늘고 있으므로 그녀의 수입도 늘고 있다.

사람의 고용이 투자인 이유가 바로 이것이다. 더 구체적으로 말하면 그것은 우리 자신에 대한 투자다. 사람에 투자함으로써 우리가 자유로워질 때마다 실은 우리 자신에게 엄청난 투자를 한 셈이다. 그러면 더 이상 결정 피로를 겪을 필요가 없다. 그 대신 우리의 비전은 확장될 것이며 더 큰 영향력을 발휘하는 일에 집중할 수 있다. 그러니 우리의 소득은 더 극적으로 증가하게 된다.

여기서 질문할 것은 이것이다. 당신은 사람을 고용할 것인가? 당신의 시간과 마음을 자유롭게 하고 싶은가? 지금 당신의 삶과 사업에서 사람이 가장 필요한 영역은 어디인가? 당신이 익숙해져야 할 새로운 질문을 기억하라. '내가 이 목표를 달성하도록 누가 도와줄 수 있을까?'

사람을 고용하기로 결정하라. 그리고 그 영역과 관련된 복잡한 의사결정에서 벗어나라. 더 많은 결정을 내려야 할수록 그 결정의 질이 떨어진다는 것은 연구 결과가 명확히 보여준다. 더 적은 결정, 더 나은 결정을 내려야 한다. 그래야 결정 피로가 당신의 에너지를 갉아먹지 않는다.

일정을 잡는 일이건 조직에 관련된 일이건 간에 모든 결정을 담당하고 당신을 위해 무대를 준비해줄 사람이 필요하다. 직접 무대를 준비한 다음 그 위에서 공연하지 마라. 그러면 무대를 준비하는 동안 이미 체력이 고갈되어 정작 무대 위에서는 제대로 된 공연을 하지 못한다. 그러니 무대가 준비되면 당신은 그냥 등장해서 당신이 할 수 있는 최고의 쇼를 보여주면 된다. 그것이 무엇이 됐든 간에 말이다.

시간을 더 소중히 여기고 최대한 활용함으로써 수입을 획기적으로 높일 수 있다. 작업의 질도 향상될 것이다. 일상과 관련된 각종 긴급한 일들로 바쁘지 않을 터이니 비전을 가다듬고 선명하게 하는 일에 에너지를 쓸 수 있다. 일의 준비 과정에서 상당 부분의 의사결정을 해줄 사람이 있으므로 더 중요한 일에 시간을 쓸 수 있다. 궁극적으로 엄청난 수입을 창출해줄 결정을 내리는 데 쓸 시간적 자유가 생긴다.

"싫어하는 일을 포기하면
인생에서 좋아하는 모든 것을 가질 수 있다."

시간의 소중함을 모르는 이들이 가난해지는 이유

"시간은 돈이다."

-벤저민 프랭클린

벤저민 프랭클린이 남긴 이 말은 아마도 시간에 관한 가장 유명한 명언일 것이다. 그는 84년을 살면서 배우, 음악가, 발명가, 풍자작가뿐만 아니라 영향력 있는 정치인이자 외교관이 되었다. 플랭클린은 시간의 가치를 아는 사람이었다.

첫 번째 자유인 '시간의 자유'는 제1부에서 광범위하게 다루었다. 자신의 시간을 더욱 진지하게 생각하기 시작하면 두 번째 자유인 '경제적 자유'는 저절로 생긴다. 돈은 시간을 소중히 여기지 않는 사람을 피해 간다. 시간 사용 방식을 개선하고, 시간을 소중히 여기고, 더 효과적으로 사용하는 사람만이 경제적 자유를 경험할 수 있다. 일을 해결해줄 적임자를 찾아 그 사람에게 맡길 때 우리의 시간은 가장 영향력 있는 일에 가장 유용하게 쓰일 수 있다.

우리의 비전은 성장할 것이고 그것은 더 많은 돈을 벌 수 있도록 길을 터줄 것이다. 찰스 해낼Charles Haanel은 《성공의 문을 여는 마스터키》에서 이렇게 설명한다.

"머릿속으로 이미지를 떠올려라. 분명하고, 뚜렷하고, 완벽한 이미지를 형성하고 굳게 간직하라. 그러면 방법과 수단이 떠오를 것이다. 공급이 수요를 따를 것이다. 당신은 적절한 때에 올바른 방법으로 올바른 일을 하도록 인도될 것이다. 간절한 바람은 보다 확신에 찬 기대감을 갖게 한다. 그리고 기대감은 확고한 요구에 의해 더 강화되어야 한다."

무언가를 반드시 해내야 한다고 믿을 때 당신은 어떻게든 그것을 해낼 능력을 발견하게 된다. 그래서 마감일은 매우 강력한 영향력이 있다. 수요나 요구 사항이 있을 때 동기가 강력하게 생긴다. 그런 긴급한 요구 없이는 필요한 동기부여가 되지 않는다.

역사학자 윌 듀랜트Will Durant는 "요구가 있다면, 상황이 요구한다면 보통 사람의 능력은 배가될 수 있다."라고 설명했다. 심리학에서는 이를 피그말리온 효과Pygmalion effect라고 한다. 주변 사람들의 기대에 따라 능력이 상승하거나 하락한다는 것을 의미하는 용어다. 주변인들의 기대와 요구가 높을 때 우리는 그에 부응하고자 돋보이는 사람이 된다. 기대와 요구가 낮을 때 우리는 안주한다.

릭스 칼리지의 전 총장 데이비드 베드너David Bednar는 요구가 공급을 촉진할 수 있다는 것을 더욱 잘 보여주는 이야기를 해주었다. 새로 픽업트럭을 구입하고는 그것을 시험해보고 싶어 했던 한 젊은이의 이야기다.

그는 눈 덮인 산으로 트럭을 몰고 가다 눈 속에 깊이 빠지고 만다. 무엇을 해야 할지 확신이 없었던 그는 트럭에서 내린 뒤 나무를 베어 트럭에 싣기로 한다. 그러다 보면 누군가 차를 몰고 지나가다 도와줄 수 있으리라고 기대한 것이다. 하지만 아무도 지나가지 않았다. 결국 트럭 짐칸은 완전히 나무로 가득 찼다. 그는 다시 트럭에 탄 뒤 기도를 하고는 후진해 눈에서 빠져나가려 했다. 그때 어떤 일이 벌어졌을까? 놀랍게도 트럭에 실린 나무의 무게 덕분에 타이어는 필요한 견인력을 얻을 수 있었다.

베드너가 설명하듯이 눈밭에서 벗어나 움직이는 데 필요한 견인력을 제공한 것은 나무의 무게였다. 이 원칙은 당신의 목표를 위해 사람을 구하고 노력하는 데도 적용된다. 중요한 일에 집중하고 성공하려면 당신 자신에 대한 요구와 기대치를 높일 필요가 있다. 당신이 목표 수준까지 올라갈 수밖에 없게 만드는 환경과 상황이 필요하다. 그러기 위해서는 원하는 결과를 얻도록 자신과 타인에 대한 요구를 높여야 한다.

압력은 파이프를 파열시킬 수도 있고 다이아몬드를 만들 수도 있다. 성공하려면 압력이 필요하다. 투자를 늘려 그런 압력을 가해야 한다. 이는 당신이 시간을 더 잘 활용하게 만들어준다. 또한 소득을 올리는 능력이나 경제적 자유를 증가시킬 수 있게 해준다.

우리는 사람들이 자기 시간을 소중히 여기지 않고 대신 복권에 당첨되기를 바라는 문화 속에 놓여 있다. 그들은 시간적 자유를 확보하지 않고서 경제적 자유를 원한다. 경제적 자유를 쉽게 얻으려 하지만 자유는 그렇게 생기는 게 아니다. 자유는 저절로 오는 게 아니라 목적, 투자, 팀워크를 통해 온다.

인간으로서 자신의 확장에 관심이 없는 복권 당첨자들이 흔히 그러듯이 그들은 시간을 어떻게 활용할지 전혀 모르기 때문에 빠르게 모든 돈을 탕진한다. 시간을 소중히 여기지 않는 사람이 돈만 많다면 어떤 일이 벌어질까? 대체로 심한 폭음, 자기 파괴, 형편없는 의사결정으로 이어진다. 자기 시간을 소중히 여기는 사람만이 돈에서도 경제적 영역에서도 점점 자유로워질 수 있다.

**"함께 일하고 싶지 않은 사람들에게
매력적으로 보이려고 자신을 왜곡하지 마라."**

Key Point

- 시간적 자유를 얻기 전에는 경제적 자유를 얻을 수 없다.

- 시간의 자유를 얻음으로써 마음이 자유로워지는 매우 귀중한 이득을 얻게 된다.

- 시간을 비우면 전략 수립이나 창작 같은 더 영향력 있는 활동에 집중할 수 있고, 이는 자연스레 수입의 증가를 가져온다.

- 시간 사용법을 개선하면 자동으로 돈을 버는 능력이 향상된다.

- 특정 삶의 영역에 사람을 추가하는 단 한 가지 결정이 그 영역의 결정 피로를 없애 준다.

- 높은 성과를 내고 수입을 늘리고 싶다면 당신 삶에서 결정 피로 없애기를 주요 목표 중 하나로 삼아야 한다.

제5장

과정보다 중요한 것은
의미 있는 결과다

"우리가 무엇에 전념하고 있는지는 말이 아니라
결과로 알 수 있다. 우리는 모두 노력하고 있으며
결과를 내고 있다. 결과는 전념하고 있다는 증거다."
—짐 데스머, 다이애나 채프먼, 케일리 클렘프

2008년 미시간주는 자동차 산업 위기 때문에 경제 불황의 타격이 특히 컸던 지역이다. 니콜 위프는 당시 여기서 활동하던 젊은 변호사였다. 현실적인 여건상 위프가 법무법인에 취직하기는 불가능했다. 그래서 그녀는 직접 자신의 법률 사무소를 개소하기로 결심했다.

그 후 1년 반 동안 위프는 1주일에 80~100시간을 일하며 모든 일을 혼자 처리했다. 법정에 나가는 일 외에 수임 사건의 모든 조사와 법정 문서 작성을 직접 했으며 이메일에 답장을 보냈고 말

그대로 수천 분 동안 의뢰인과 통화했다. 그녀의 표현에 따르면 '일에 자신을 갈아 넣었다'고 한다.

결국 위프는 한계점에 가까워지고 있었다. 법조인을 그만둘 생각까지 할 정도로 상황은 점점 나빠졌다. 위프는 서너 명으로 구성된 팀이 할 일을 혼자 해내느라 완전히 녹초가 되었다. 그녀는 일에 허덕이느라 제대로 쉬지 못했다. 산더미처럼 쌓여 도저히 끝이 보이지 않는 일을 생각하느라 정신도 녹초가 되었고 늘 긴장 상태였다. 쉬지도 못했고, 기운을 회복하지도 못했다. 사랑하는 사람들과 함께할 수도 없었다. 이런 상황에서도 아이를 갖고 싶은 마음은 절실했다.

무언가 변화가 필요했다. 그녀는 엄마가 될 수 있는 시간적 자유를 원했다. 자신과 가족을 위해 그녀가 원하는 삶을 살 수 있는 경제적 자유를 원했다. 하지만 현실은 그렇지 못했다. 위프는 자신의 재능을 다 쏟아붓고 모든 시간을 할애해 미친 듯이 일에 매달렸다. 그렇게 자신을 갈아 넣고 있음에도 십만 달러 이상을 벌지 못했다.

그녀는 변호사 일을 그만두지 않고도 이 문제를 해결할 다른 대안을 찾아보기로 했다. 위프는 처음으로 자신의 일을 분담해줄 직원을 고용했다. 이는 현실의 문제를 해결할 좋은 방법이었고 한 단계 도약할 수 있는 기회였다. 하지만 문제가 있었다. 당시 위프의 비전은 명확하지 않았고 새로 채용한 직원이 구체적으로 어떤 역할을 해야 할지도 분명하지 않았다. 결국 그 시도는 재앙으로 끝났다. 그녀는 허둥대며 대응 태세에 들어갔다. 위프는 직원 채용의 첫 번째 경험에서 중요한 교훈을 많이 얻었고 그 후로 방법이 아니라 사람을 찾는 데 숙달되었다.

좀 더 자세히 살펴보자. 위프는 다른 사람들도 그녀가 하는 일의 대부분을 충분히 할 수 있음을 배웠다. 사실 그녀가 하는 일의 상당 부분은 다른 사람들이 훨씬 더 잘할 수 있다는 것을 깨달았다. 또한 일을 덜어냄으로써 스스로 회복할 수 있고 일에서 벗어난 시간이 그녀의 삶에 의미 있게 쓰일 수 있다는 것을 배웠다. 휴식과 여유 시간은 행복과 자신감을 얻는 데 필수이며, 이것이 자신의 성과와 수입에 직접적 영향을 미친다는 사실도 배웠다.

우리가 어떤 비전에 투자할 때마다 우리는 그 비전에 점점 더 전념하게 된다. 첫 번째 직원에게 투자하고 그 과정에서 고통스러운 교훈을 경험함으로써 위프는 더 노력하게 되었다. 무언가에 자신을 투자할 때마다 그것에 더 전념하게 되는 현상을 심리학자들은 '몰입 상승'escalation of commitment이라고 부른다.

그녀는 점점 더 노력했고 그럴수록 자신과 자기 삶에 대한 비전을 아주 명확히 할 수 있었다. 이 비전에는 어디에서 살지(최근 그녀는 가족과 함께 하와이로 이사했다), 얼마나 일할지, 어떤 분야에서 일할지, 얼마나 많은 돈을 벌지 등이 포함되어 있었다.

이렇게 명확한 비전과 함께 위프는 헌신적 직원들로 구성된 강력한 팀을 구성할 수 있었다. 위프는 성과를 내도록 훈련된 정규직 직원을 여러 명 두고 있으며, 필요할 때는 그들을 지원해준다. 위프는 자신의 팀에 극히 헌신적이고 그들을 위해 필요하다면 지옥까지도 갔다 올 수 있을 정도다.

위프는, 자신이 직원들에 대해 확신하듯이 직원들 스스로도 자신감을 갖기를 원한다. 한번은 위프가 비즈니스 콘퍼런스에 법률 사무 보조원을 데려간 적이 있다. 콘퍼런스 중간에 각자 일어나서 2분 동안 자신을 소개하는 집단 활동이 있었다. 위프의 법률 보조원은 부끄러움과 두려움에 휩싸여 자기소개를 하고 싶어 하지 않았다. 그녀는 그 자리를 벗어나고 싶어 했지만 위프는 그녀를 놓아주지 않았다.

위프의 법률 보조원은 마지 못해 자기소개를 했다. 그러고는 콘퍼런스가 진행되는 동안 점점 자신감이 커지는 것을 느꼈으며 비전을 갖게 되었다. 그 법률 보조원은 두려워서 기피하던 자기소개를 하고, 그 일을 통해 변혁적 경험을 했다. 리더의 격려로 감정적

장애물을 극복한 것이다.

구체적 결과를 내는 데 전념하고 팀을 참여시키는 것이 위프에 게는 중요하고도 필수적인 일이다. 그래서 자신과 함께 일하는 팀 원들이 문제를 회피하거나 책임을 피하도록 놔둘 수 없다. 그들이 도전하도록 이끌어주어야 한다. 그들이 장애물과 만난 뒤 스스로 돌파하게 해야 한다. 우리도 이렇게 해야 한다. 그래야만 그들이 우리의 비전과 그들 자신의 목표를 실현하는 데 필요한 자신감을 갖고 더욱 헌신할 수 있다.

위프는 심리학자들이 말하는 변혁적 리더십transformational leadership 을 실천하고 있다. 변혁적 리더십 이론은 이 책을 쓰는 현재 전 세 계에서 가장 중요하며 의미 있는 리더십 이론이라고 나는 자부한 다. 먼저 변혁적 리더가 지닌 네 가지 주요 특성을 살펴보자.

1. 개별적인 배려

리더로서 팀원 개개인의 필요를 파악하고 각 팀원의 멘토나 코치 역할을 하며 그들의 고민과 요구에 귀를 기울인다. 변혁적 리더는 팀원들에게 공감해주고 필요한 것을 지원해준다. 의사소통을 계속하고 팀원들에게 도전 과제를 주어 그들이 성장할 수 있게 돕는다. 각 팀원이 팀에 할 수 있는 개별적 기여도를 존중하고 축하한다.

2. 지적 자극

리더는 사람들이 가정하고 넘어가는 사실에 이의를 제기하고 위험을 감수하며 팀원들에게 아이디어를 구한다. 변혁적 리더는 팀의 창의성을 자극하고 권장하며 팀원들이 독립적으로 사고하도록 돕는다. 그들이 자신감을 길러 스스로 결정하고 위험을 감수할 수 있도록 돕는다. 배움을 중요하게 여기고 배움에 높은 가치를 두며 예상치 못한 상황을 배움의 기회로 본다. 팀원들이 언제든 질문할 수 있게 하고 궁극적으로는 자신의 업무를 더 잘 수행할 방법을 스스로 찾아 결정하도록 이끈다. 그리고 세세한 것까지 일일이 간섭하거나 챙기지 않는다.

3. 영감을 주는 동기부여

팀원들에게 매력적이고 영감을 주는 비전을 제시하고 그것을 알린다. 변혁적 리더는 목표를 낙관하도록 유도하며 당면한 과제에 의미를 부여한다. 동시에 개인적 기준을 높이라고 팀원들을 자극한다. 팀의 모든 구성원이 동참하도록 동기부여가 되려면 강한 목적의식이 필요하다. 비전의 제안자이자 리더로서 비전을 강력하고 설득력 있게 전달하는 능력은 필수다. 비전을 이해하기 쉽고, 정확하고, 강력하며, 매력적으로 만들어야 한다. 그래야 팀원들이 기꺼이 그 비전에 동의하고 그것을 완수하기 위해 최선의 노력을 기울인다. 그들 스스로가 미래에 대해 낙관하고 자신의 능력을 믿을 수 있도록 이끌어야 한다. 당신의 자신감을 끌어다가 그들 안에 통합해야 한다.

4. 이상적인 영향

리더로서 높은 윤리성을 지녀야 하며 롤모델로 행동해야 한다. 팀에 긍정적인 자부심을 심어주고 좋은 문화를 만들어주며 존경과 신뢰를 얻어야 한다. 사람들은 리더의 모습을 보고 따른다. 변혁적 리더는 높은 도덕적 권위를 갖고 있다. 사람들은 리더와 함께 있고, 리더에게서 배우고, 리더를 돕고, 리더의 비전을 통해 변화하기를 원한다.

원하는 결과를 얻기 위해 위프는 자신의 목표에 완전히 전념해야 했다. 나아가 그녀의 조력자들도 똑같이 투자하고 전념하도록 만들 필요가 있었다. 그래서 그들에게 투자하고 요구하고 변혁적 경험을 할 수 있도록 도와주었다. 위프는 그들의 책임을 줄이거나 면제해주지 않았다. 그렇게 함으로써 그들에게 자신감을 불어넣었다.

그녀는 매우 강력하고 헌신적이며 각자 스스로 관리하는 팀을 만들었다. 그러던 중 코로나19의 어려움이 닥쳐왔다. 위프는 하와이에 살고 있었으며 나머지 팀원들은 미시간주에 있는 상황이었다. 그럼에도 아무 문제가 없었다. 위프가 해야 할 일은 무엇을 달성해야 할지 비전을 제시하는 것뿐이었다.

위프의 팀은 코로나19에 감염될 가능성이 높은 '고위험군'으로 간주되는 70~80대 고객들을 위해 일하는 방식을 곧바로 바꾸었다. 위프가 도와줄 필요도 없이 팀원들이 강력히 업무 방식을 전환했다. 위기에 직면해 있긴 하지만 그녀의 팀은 어려운 상황에 대처할 수 있는 자신감과 유연성을 갖고 있다. 작은 문제조차 그냥 넘기는 법이 없었기에 자신감과 유연성이 극대화되어 있었다.

> "고통에는 긴 고통과 짧은 고통, 두 가지가 있다.
> 선택은 당신 몫이다."

목적지와 경로가 명확하다면 가는 방법은 운전자에게 맡겨라

댄 설리번은 위험과 자신감에 대해 이렇게 말한다. "기업가들은 '시간·노력 경제'에서 '결과 경제'로 '위험선'을 넘었다. 그들에게는 보장된 수입이 없고 2주에 한 번씩 급여를 건네주는 사람도 없다. 이는 기업가나 리더에게만 국한된 문제가 아니다.

우리 대부분은 고객을 위해 가치를 창조하며 기회를 만드는 능력으로 살아간다. 때때로 많은 시간과 노력을 들이지만 아무런 결과를 얻지 못할 때도 있다. 반면 때로는 많은 시간과 노력을 들이지 않고도 큰 결과를 얻기도 한다.

기업가의 초점은 항상 결과에 맞춰져야 한다. 그렇지 않으면 수익이 나지 않는다. 그렇다면 이것은 단지 기업가나 리더에게만 해당하는 이야기일까? 당신이 회사에 다니는 평범한 직장인이라면 어떨까? 그래도 마찬가지다. 당신이 그 회사에서 월급을 받아 수입이 보장되려면 당신이 일하는 회사가 제대로 된 결과와 성과를 내야 한다. 리더가 아니라 해도 이러한 원리는 기본적으로 이해하고 있어야 한다. 회사가 성과를 내지 못해 퇴보하거나 망한다면 거기 다니는 직원들 역시 자리를 보존할 수 없을테니 말이다.

불안과 공포에 빠뜨리기 위해 이런 이야기를 하는 것이 아니다. 우리가 어떤 직책, 직급, 자리에 있든지 간에 성공하는 법이 무엇인지 제대로 알아야 하기 때문이다. 결과를 극대화하는 동시에 그런 결과를 얻는 데 필요한 시간과 노력을 최소화해야 한다. 이는 누구에게나 필요하고 중요한 일이다.

삶에서 더 큰 자유를 원한다면 결과에 초점을 맞춰야 한다. 사람들이 당신을 위해 결과를 달성하도록 해야 한다. 그들에게 자기 스타일로 해법을 찾고 실행할 자유를 주어야 한다. 당신의 방식을 강요하거나 참견하지 않을 때 그들은 능력을 발휘하고 더욱 높은 성과를 낸다. 이를 뒷받침해주는 과학적 증거는 많다.

자기 결정 이론self-determination theory에 따르면 모든 인간에게는 자기 일과 관련된 세 가지 기본적인 심리적 욕구가 있다.

1. 유능감

2. 일하는 방식에 대한 자율성

3. 긍정적이고 의미 있는 관계

이 세 가지 욕구를 뒷받침하는 사회적 환경은 높은 수준의 내재적 동기, 심리적·신체적 건강, 모든 구성원의 성과 향상을 가져온다. 그러나 더 중요한 것은 이러한 욕구들이 어떻게 적용되느냐 하는 점이다.

흥미롭게도 자율성은 높지만 목표의 명확성이 낮고 성과에 대한 피드백이 거의 없는 팀은 자율성이 낮은 팀보다 사실상 성과가 더 좋지 않다는 연구 결과가 있다. 그러나 팀에 높은 자율성, 높은 목표의 명확성, 결과에 대한 정기적인 피드백이 주어질 때 성과는 급증한다. 간단히 말해 명확성이 없는 자율성은 재앙이라는 뜻이다. 사람들이 자유롭게 배회하지만 의미 있는 방향으로 가지 못한다면 그 자유는 제 역할을 못한다. 그저 혼란만 가중시킬 뿐이다.

비전이 명확하지 못하고 그 비전을 분명히 표현하지 못할 때 사람들은 정체성이 흐려지고 뚜렷한 목적을 갖지 못한다. 그러면 사람들은 좌절하고 자신감을 잃는다. 자원이나 능력이 부족해서가 아니라 리더십이 제대로 작동하지 않기 때문이다. 제대로 된 리더십은 명확한 비전을 제공하고, 깊은 신뢰와 자율성을 부여하며, 결과에 전념하고, 과정에서 유연하게 대처한다.

하지만 놀랍게도 상당히 많은 리더가 이 모든 것들을 잘 모르고 있을 뿐만 아니라 제대로 수행하지 못하는 실정이다. 많은 리더가 함께 일하는 사람들의 업무 과정과 절차를 강박적으로 세세히 관리한다. 그런 리더와 함께 일하는 사람들이 제대로 일을 완수하지 못하거나 성과를 내지 못하리라는 것은 불 보듯 뻔한 일이다.

원하는 결과나 목표를 결정하고 필요할 때 명확성, 피드백, 방향을 제공하는 것이 리더의 역할이다. 일을 어떻게 할지 설명하는 것은 리더의 역할이 아니다. 그 일을 어떻게 하는 것이 최선인지 결정하는 것은 그 일을 맡은 사람의 역할이다. 그들에게 필요한 것은 '완료된 작업'에 대한 명확성뿐이다.

바로 이 부분에서 임팩트 필터가 도움이 된다. 임팩트 필터는 여러 방해 요소를 만날 때 사람들이 궤도에 머물도록 해준다. 집을 지을 때 기본 설계도를 변형하거나 여러 요소를 추가해 바꿀 수 있다. 하지만 추가 요소나 수정 사항이 너무 많아지면 기본에서 벗어나게 되고 집의 구조가 산만해진다. 일도 마찬가지다. 세부

양식이 과하게 추가되면 전체 비전을 죽일 수도 있다.

함께 일하는 사람들이 길을 잃지 않도록 하려면 성공 기준_{success} criteria이 명확해야 하며, 함께 일하는 모든 이들이 그것을 공유해야 한다. 그리고 성공 기준을 현실로 만드는 방법에 관해서는 그들에게 완전한 자율권을 줘야 한다.

명확한 경계가 없으면 함께 일하는 사람들이 동기를 잃게 된다. 경계와 명확성은 동기를 불러일으킨다. 동기부여가 되려면 명확성과 단순성은 필수 요소다. 다른 사람의 책임과 권한을 함부로 침해하거나 선을 넘지 않도록 해야 한다. 경계는 원하는 목표를 향해 나아가는 길을 분명히 하는 데 도움이 된다.

심리학의 핵심 동기 이론 중 하나인 기대 이론expectancy theory에 따르면 동기부여가 되려면 분명하고 가시적인 결과와 그 결과에 도달할 경로가 필요하다. 기준과 경로가 애매하면 사람들은 혼란을 느낀다. 우왕좌왕하는 상황에서는 절대 동기부여가 될 수 없다. 당연히 제대로 된 결과를 도출할 수도 없다. 경로와 경계선이 명확해야 바른길로 갈 수 있고, 그 과정에서 완전한 자율성을 줄 수 있다.

"항상 창작자들에게 보상해주어라."

대신 불평하는 사람들에게는 절대 보상해주지 마라."

- 진정으로 의미 있는 결과를 내고자 한다면 방법이 아니라 사람에 초점을 맞춰야 한다.

- 비전이 명확하다면 담당자가 적합하다고 생각하는 방식으로 그 비전을 실행할 수 있는 자율성이 필요하다. 진정한 노력은 바로 여기서 나온다.

- 변혁적 리더는 사람들에 투자하고 그들이 도전하도록 만든다. 또한 그들이 비전을 명확히 보도록 돕고 궁극적으로는 그들이 자신만큼 일에 전념하고 투자하게 이끈다.

- 명확한 비전이 없는 자율성은 효과적이지 않다.

- 명확한 비전과 결과에 대한 지속적인 피드백이 필요하다. 자율성이 보장되어야 높은 성과로 이어진다.

- 리더는 특정 과정이 아니라 결과에 전념해야 한다.

- 리더는 세세한 과정을 관리하고 간섭하지 말아야 한다. 다른 이들에게 자유와 자율성을 제공하라. 대신 명확성과 우수성에 대해서만큼은 높은 기준을 제시하라.

제6장

문제를 해결할 돈이 충분하다면
문제는 없는 것이다

"교훈은 학습될 때까지 반복된다."

―셰리 카터 스콧 박사

웨슬리 시어크Wesley Sierk(우리는 '웨스'로 부른다)는 2019년 여름 엄청
난 금액에 매각한 회사, 리스크 매니지먼트 어드바이저의 수석 전
략가이자 전 사장이다. 웨스는 명석한 사람이지만 우리 모두처럼
인생에서 큰 실수를 몇 가지 저질렀다. 그중 하나는 회사를 매각
한 지 2주 만에 거의 죽을 뻔했다가 혼수상태에 빠졌던 일이다.

웨스가 어쩌다 거의 죽을 뻔한 상태까지 갔는지 설명하려면 몇
년 전으로 거슬러 올라가야 한다. 2017년 8월 어떤 사람이 그의
회사를 사겠다며 접촉해왔다. 희열에 넘친 웨스는 그와 약속을 잡

고 협상 절차에 들어갔다. 인수 희망자가 적극적으로 그에게 연락해왔기에 굳이 투자 은행을 고용할 필요가 없다고 생각했고 모든 것을 직접 처리할 수 있다고 판단했다. 하지만 문제가 있었다. 웨스는 회사를 매각해본 경험이 없었다. 웨스는 당시를 회상하며 "나는 전혀 알지도 못하는 일을 하고 있었습니다."라고 말했다.

회사 매각과 관련된 온갖 세부적 일에 빠져 있는 동안 그는 CEO로서의 역할을 소홀히 했다. 이 때문에 팀 전체의 생산성이 극도로 떨어졌다. 협상에 들어간 지 6개월 이상이 지난 2018년 3월, 양측은 협상을 중단한다는 결정을 내렸다. 인수 희망자는 더 이상 회사를 원하지 않았고 웨스는 수십만 달러의 변호사 비용과 생산성을 잃었다. 원하던 결과는 하나도 얻지 못했다.

1,000만 원 아끼려다 죽을 뻔한 백만장자의 어리석음

웨스의 매각 협상이 성사되지 않은 이유는 무엇이었을까? 거래는 매우 쉽고 간단해 보였다. 웨스가 소유한 회사를 누군가 원했다. 하지만 결국 웨스는 자신이 원했던 것을 얻지 못했다. 웨스가 '누구'가 아니라 '어떻게'에 집중했다는 단 하나의 이유 때문이다. 단

도직입적으로 말해서 웨스는 다른 사람에게 돈을 쓰고 싶지 않았다. 자신보다 유능하고 그 일을 잘하며 자신을 도와줄 자격이 있는 사람이 많은데도 말이다. 웨스는 심지어 그 일을 자신이 해야만 한다고 생각했다.

이처럼 '어떻게'에만 초점을 맞추면 문제가 생긴다. 거래에 실패한 후 웨스는 업무에 복귀해 흐트러진 사업을 정비해야 했다. 2018년 3월부터 2019년 2월까지 웨스는 회사를 정상화하기 위해 갖은 애를 썼다. 그런 다음 회사의 매각을 도와줄 투자은행가를 고용했다.

웨스는 처음 회사 매각을 시도했을 때 투자자들이 회사의 가치를 정하는 데 사용하는 회사 수익성 척도인 EBITA(이자, 세금 및 상각 전 소득)의 8배 이상에 협상하려 했다. 하지만 투자은행가는 EBITA의 10배로 협상안을 내놓고 짧은 시간 내에 관심 있는 다섯 구매자에게서 제안을 받을 수 있었다. 웨스는 그중 한 곳과 최종 합의했다.

전문가가 매각을 완료하는 데는 6개월도 걸리지 않았다. 투자은행가가 거래를 구상하고 마무리해주고 받아간 수수료는 대략 50만 달러였다. 그러나 웨스가 직접 그 일을 하지 않음으로써 절약한 시간에 비하면 그 비용은 미미하다. 게다가 그 투자은행가는 웨스가 무지하게 직접 협상하려 했던 금액보다 수백만 달러나 더 높은 금액에 회사를 매각해주었다.

웨스는 각종 실무를 스스로 처리하지 않고 그 일을 잘하는 전문가에게 맡겼다. 이처럼 사람에 투자함으로써 시간을 절약했을 뿐만 아니라 엄청난 가외의 돈을 벌었다. 그런데도 잘 모르는 일, 본인이 할 필요가 없는 일을 직접 해야만 할까?

웨스의 실수로 다시 돌아가 보자. 회사를 매각하고 2주 후 웨스의 집에 있던 에어컨이 고장 났다. 그는 에어컨 수리 기사에게 견적을 받았고 새 에어컨으로 바꾸려면 7,900달러쯤 들 거라는 이야기에 속이 쓰렸다. 이전에 도급업자로 일했던 웨스는 자기 경험을 살려 혼자 해결책을 찾기로 했다. 대형 선풍기를 증발기에 틀어 냉방 부담을 덜어주면 돈을 아낄 수 있으리라 판단했다. 그리고 에어컨 비수기인 겨울에 새 에어컨을 저렴하게 구입하기로 했다. 그러려면 지붕 위에서 몇 시간을 보내야 했지만 몇백 달러에서 몇천 달러를 절약할 수 있으니 괜찮다고 생각했다.

이쯤에서 웨스가 백만장자라는 사실에 유의하자. 그는 고급 승용차를 타고 다니고 회사도 막 매각했으며 학식 있고 존경받는 사람이다. 또한 버지니아주의 작은 마을에서 자랐고 그의 뿌리를 여전히 마음 깊이 간직하고 있는 검소한 사람이기도 하다. 소도시

출신답게 검소한 사고방식은 그가 성공하는 데 도움이 되기도 했고 한편으로는 소심함에서 벗어나지 못하게 발목을 잡기도 했다.

2019년 8월 31일, 웨스는 사각 선풍기를 지붕에 올려놓기 위해 사다리를 타고 올라갔다. 캘리포니아의 태양이 내리쬐며 찌는 듯 무더운 날씨였다. 그리고 잠시 후 웨스는 자신이 콘크리트 바닥에 누워 있다는 것을 알아차렸다. 지붕에서 뒤로 떨어지면서 뒤통수를 정통으로 부딪힌 그는 두개골이 심하게 부서졌다.

웨스는 간신히 현관까지 굴러와 문을 두드렸다. 아내와 처제가 현관문을 열었을 때 웨스는 거의 의식을 잃은 채 땅바닥에 누워 있었다.

"무슨 일이에요?" 그들은 웨스에게 무슨 문제가 생긴 건지 제대로 알지 못한 채 물었다. 처음에는 그가 더위에 지친 줄로만 알았다. 그런데 잠시 후 훨씬 심각한 상황임을 깨달았다.

"아무것도 아냐. 그냥 더워서 그래. 좀 누워 있어야겠어…."라고 웨스가 대답했다. 그러더니 엎드려 토하기 시작했고 그제야 그들은 피 웅덩이를 보았다. 가족들은 즉시 911에 전화를 걸어 웨스를 급히 병원으로 이송했다. 그리고 웨스는 의식을 잃었다.

웨스는 11일 동안 병원에 입원해 있었고 그중 2일은 혼수상태에 빠져 있었다. 그리고 집으로 돌아와서는 두 달 동안 침대에 누위만 있었다. 화장실에 가는 데도 보행 보조기가 필요했다. 말도 하지 못했고 혼자 걷지도 못했으며 기본적인 것들을 처음부터 다시 익혀야 했다.

병상에 누워 지내던 두 달 동안 웨스는 극도로 우울해졌다. 하지 말았어야 할 일을 한 자신에게 화가 났다. 그는 자신의 뇌가 다시는 예전과 똑같이 작동하지 않을지도 모른다는 두려움에 사로잡혔다. 땅에 떨어지며 머리가 깨졌을 때 뇌가 심하게 흔들려 얼굴이 부어올랐고 내상으로 멍이 들었다. 그는 자신의 미래가 어떻게 될지 알지 못했다. 자꾸만 암울한 생각에 빠져들었고 믿을 수 없을 정도로 외로웠다.

그 두 달 동안 웨스의 마음을 끈질기게 사로잡는 생각이 있었다. 그것은 사실 설리번에게서 들었던 "문제를 해결할 만큼 돈이 있다면 문제가 없는 것이다."라는 말이었다.

아이러니하게도 웨스는 수년간 설리번을 개인적으로 알고 지내왔다. 그는 설리번에게서뿐만 아니라 설리번의 말을 인용한 수많은 다른 이들에게서 그 말을 그야말로 수백 번은 들었다. 그런데도 그 메시지를 소홀히 여겼다. "내가 하지 말았어야 할 일을 했기 때문에 그 말이 계속 머릿속을 맴돌았습니다."라고 웨스는 말했다.

신경외과 의사는 웨스에게 자기 키보다 높은 곳에서 떨어져 머리를 부딪힌 사람들의 50퍼센트는 사망한다고 말했다. 웨스는 회사를 매각하며 자기가 직접 할 필요가 없는 일은 그 일을 더 잘하는 사람에게 맡겨야 한다는 것을 이미 깨달았다. 그랬음에도 그 중요한 교훈을 되새기지 못했다. 그리고 불과 몇 주 만에 그가 직접 할 필요가 없는 일을 한 결과 죽음에 직면했다.

거의 죽을 뻔한 후에야 그는 그 교훈을 제대로 이해할 수 있었다. 아니 뼈저리게 느꼈다. 2019년 12월 웨스는 다시 일할 수 있을 정도로 회복한 직후 과감한 결정을 내렸고 바로 행동했다. 2003년 그와 그의 아내가 집을 산 이후 처음으로 그는 크리스마스 조명 장식을 설치해줄 사람을 고용했다. 우스운 이야기 같겠지만 웨스에게는 큰 발전이었다. 거의 죽을 뻔한 사건을 겪으면서 그는 자기 시간의 가치를 온전히 느꼈다. 또한 과거에 그를 가로막았던 나쁜 습관과 편협한 관점도 깨달았다.

웨스는 문제를 해결할 때 방법이 아니라 사람을 찾았다 간단하지만 큰 결정을 내린 것이다. 그는 이제 문제를 해결할 만큼의 돈이 있다면 문제가 없다는 사실을 인식하고 있다. 웨스는 자신의 인생, 시간, 재능, 그리고 다른 사람들의 기여를 소중히 여기며 사람에게 투자한다. 모든 투자, 심지어 다른 사람에게 크리스마스 조명을 설치할 수 있게 지불한 몇백 달러의 사소해 보이는 투자까지도 결국 자신에 대한 투자다. 지금의 그는 크리스마스 조명 설치 기사에게 지불하는 돈의 10배 이상을 버는 일에 그 대여섯 시간을 쓰고 있다. 아니면 그 시간을 사랑하는 사람과 보내거나 취미생활을 하는 데 쓴다.

2020년 초 웨스는 부상에서 거의 회복했다. 그는 매각한 회사로 복귀해 마케팅 및 사업 성장을 위해 새로운 역할을 맡았다. 그의 목표 중 하나는 회사의 마케팅을 위해 유튜브 영상과 페이스북 광고 제작을 마스터하는 것이었다. 첫 번째 영상을 찍은 후 그는 편집하는 법을 배우기 시작했다. 동료의 피드백을 받고 나서야 웨스는 자신이 영상 제작 회사를 소유하고 있으며, 거기로 영상을 보내기만 하면 그를 대신해 전문가가 편집해줄 것이란 사실을 알았다.

웨스는 여전히 배우는 중이다. 지금 그는 일을 어떻게 할지 방법을 묻는 데 시간과 노력을 허비하지 않고 곧바로 일할 사람을 찾는다. 그 속도 역시 점점 빨라지고 있다. 그러나 웨스만이 방법을 질문할 때 따르는 비싼 대가를 배운 유일한 사람은 아니다. 사실 온갖 방법을 시도해보는 것은 대부분의 사람이 일하는 일반적인 방식이다.

우리를 둘러싼 문화는 자기 자신과 미래에 효과적인 투자를 하기보다 비용을 줄이는 쪽으로 우리를 세뇌해왔다. 그 결과 많은 이가 전문성도 열정도 없는 온갖 분야의 일을 하면서 바쁘게 보낸다. 게다가 비효율적인 일을 기꺼이 하면서 최선을 다해 열심히 일하는 것이 가치 있다는 잘못된 믿음에 빠진다.

근면함은 필요한 덕목이지만 조심해야 한다. 굳이 자신이 할 필요가 없는 일, 자신이 잘 못하는 일에 노력을 쏟아붓느라 더 중요한 일을 놓치지 않아야 한다. 너무나 자주 사람들은 노력만이 최고의 명예인 양 여긴다. 하지만 그 일을 더 쉽게 더 효과적으로 할 수 있는 사람을 놔두고 굳이 그 일을 잘 못하는 당신이 직접 해야 할 이유가 있는가? 원하는 결과를 더 빨리 더 제대로 산출할 수 있는 사람이 있다면 그에게 맡기는 것이 훨씬 현명하다.

> "겸손하고, 관심을 기울이고,
> 쓸모 있어서 불리해지는 사람은 없다."

비용 중심의 사고방식에서 투자 중심의 사고방식으로

"모든 일을 하려는 노력을 멈추고 모두의 동의를 받으려는 욕구를 멈출 때만 진정으로 중요한 일에 최대한 기여할 수 있다."

-그렉 맥커운

칼 캐슬다인은 1969년 런던 근처에서 태어났다. 그의 아버지는 가난한 광부였다. 그는 모든 면에서 아들을 위해 최선을 다하고자 했으며 훌륭하고 다정한 사람이었다. 그러나 경제적 형편이 좋지 못했다. 그런 이유로 아버지는 캐슬다인에게 돈에 대한 매우 제한적이고 파괴적인 믿음을 가르쳤다.

이런 믿음은 수년 동안 캐슬다인을 위축시켰다. 캐슬다인은 성공으로 가는 확실한 길은 관리직이 되는 것이라 믿었고, 그 길로 가야 한다는 압박을 받았다. 관리직은 위험이 없으며 부모보다 훨씬 잘 살게 해줄 유일한 길로 여겨졌다.

캐슬다인은 부모의 압력에 굴복해 관리직 경력을 쌓았다. 그는 음악가나 화가가 되고 싶은 꿈을 버리고 관리자가 되기 위해 열심히 일했다. 하지만 캐슬다인은 그런 자기 삶을 싫어했고, 자신은 물론 주변 사람들도 그 사실을 알았다. 캐슬다인은 생기가 없었고 자신의 미래에 대한 설렘이 하나도 없었다. 그의 인생은 즐겁지도 신나지도 않았다.

그러다 캐슬다인에게 업무상 레저와 관광 산업 프로젝트에 참여할 기회가 찾아왔다. 휴가와 휴양지를 즐기는 행복한 사람들과 그들의 미소 짓는 얼굴을 보니 좋았다. 그는 레저 관광 업계에 남겠다고 결심했지만 날개를 펼칠 필요가 있었다. 자신의 역할이 대단히 제한적이라고 느꼈기 때문이다.

그는 예전처럼 관리직에 머무는 데서 벗어나 자신의 회사를 차리기로 했다. 캐슬다인은 비전을 세우고 사람들이 놀라운 휴가 경험을 할 수 있도록 도와줄 수 있는 더 큰 자유를 원했다.

2013년 그는 어웨이 리조트라는 회사를 설립하고서 대부분의 기업가들처럼 미친 듯이 일했다. 순전히 자신만의 투지와 의지로 괜찮은 고객층을 구축할 수 있었다. 그러나 노력한 것에 비해 그의 사업은 성장 가능성이 불투명했다. 캐슬다인은 회사의 온라인 홍보를 늘리고 웹사이트도 개선해야 한다는 것을 알았다. 이미 터무니없이 긴 시간을 일하고 있었는데 여기에 더해 몇 달 동안 밤을 새워가며 코딩하는 법까지 배우기 시작했다.

그는 회사의 CEO였다. 그런데도 코딩하고 웹사이트를 제작하는 법을 배우느라 말 그대로 수백 시간을 바쳤다. 점점 회사 일에는 소홀해졌다. 잠도 제대로 자지 못했다. 에너지는 고갈되고 인내심도 바닥나고 있었다. 다크서클을 달고 살던 그는 드디어 한계점에 이르렀고, 그제야 개발자에게 웹사이트 제작 비용이 얼마나 되는지 물어보았다. 놀랍게도 그 개발자는 1,200파운드에 기꺼이 그 일을 해주겠다고 했다.

캐슬다인의 얼굴이 창백해졌다. 그의 말을 그대로 옮기자면 "만

화영화 〈피노키오〉에서처럼 머리에서 당나귀 귀가 자라나는 기분이었다."고 한다. 그는 자신이 멍청이처럼 느껴졌다고 했다. 그가 투자한 시간과 CEO로서의 시간의 가치를 고려하면 웹사이트 제작 비용은 매우 적었다. 그 사실에 그는 충격을 받았다.

그러나 많은 사람들이 그러하듯 같은 일을 몇 번 반복하고서야 그 교훈을 진정으로 이해했다. 문제를 '어떻게' 해결할지만을 묻고 거기서 벗어나지 못할 때 우리는 기회비용을 치러야 한다. 이 점을 확실히 배울 필요가 있다. 사람에 투자하지 않고 모든 일을 직접 할 때 우리는 어떤 손실을 볼까? 그 일을 직접 하기 위해 시간을 다 써버려서, 정작 더 영향력 있고 가치 있는 활동에 시간과 노력을 쏟음으로써 얻을 수 있는 막대한 성장을 놓친다.

수년간 캐슬다인은 회사의 영업팀을 관리했고 어느 모로 보나 그는 그 일을 잘했다. 하지만 2017년 그는 회사의 다른 일에 집중하기 위해 영업부장을 고용하기로 했다. 영업부장을 고용한 지 1년 만에 회사의 수익은 25퍼센트 증가해 첫해에 250만 파운드를 추가로 벌어들였다. 영업부장의 연봉은 12만 파운드였다.

"7년 전에 그 친구를 고용했더라면 우리는 1,400만에서 1,500만 파운드를 더 벌었을 겁니다."라고 캐슬다인은 솔직히 말했다. 그것이 캐슬다인에게 결정타가 되었다. 그는 방법이 아니라 사람에 올인하기로 결심했다. 그는 이 원칙의 효과를 보았기 때문에 이 문제에 있어서는 절대 양보가 없다.

캐슬다인은 시간이 너무도 중요하다는 걸 알기에 예전처럼 시간을 낭비하지 않는다. 그는 이전과는 완전히 달라졌다. 그의 기준은 높아졌다. 그는 결과에 전념한다. 그는 자유를 얻는 데 전념한다. 그는 다른 사람들이 그를 위해 기꺼이 해줄 일을 직접 하면서 자신의 시간과 미래를 소모하지 않을 것이다.

과거 캐슬다인은 투자보다 비용 측면에서 생각하도록 훈련받았다. 하지만 비용보다 중요한 것은 투자다. 그는 이제 자신과 미래에 대한 투자의 힘을 절실히 깨달았다. 웹사이트 제작자에게 1,200파운드를 지불한 것처럼 그는 계속 사람에게 투자하고 있다. 그리고 사람에게 투자할 때마다 그는 더 가치 있고 수익성이 높은 일을 하는 데 쓸 수 있는 수십, 수백 시간을 절약한다. 적합한 일에 집중한다면 그 시간에 수백만 달러의 순익을 낼 수 있다. 영업부장을 12만 파운드에 고용함으로써 캐슬다인은 시간을 확보했을 뿐만 아니라 회사 수익도 수백만 파운드나 증가했다.

이것은 투자 측면에서 생각할 때 얻는 효과다. 영업부장을 영입한 것은 비용이 아니라 투자였다. 그를 고용하지 않았다면 캐슬다인과 회사에는 오히려 손해였을 것이다. 무엇이 비용이고 무엇이 투자인지 일차원적인 관점에서 벗어나 제대로 이해할 필요가 있다.

지니어스 네트워크의 설립자인 조 폴리시Joe Polish는 기업가들에게 이렇게 말한다. 지니어스 네트워크는 다니면 돈을 주는 학교라고 말이다. 그의 학교에 들어가려면 2만 5,000달러를 내야 한다. 하지만 이는 비용이 아닌 투자다. 왜냐하면 그 돈을 투자한 대신 네트워크의 일부가 될 뿐 아니라, 거기서 배우는 것을 활용해 수십만 또는 수백만 달러를 벌 수 있기 때문이다. 2만 5,000달러를 투자해 훨씬 많은 돈을 벌고 더 가치 있는 것을 얻을 수 있으니 이는 명백한 투자다.

하지만 사람들은 대개 그런 투자를 하지 않는다. 그러한 투자가 어떻게 10배 이상의 결과를 쉽게 가져올 수 있는지 알지 못한다. 나도 지니어스 네트워크의 일원이다. 그래서 댄 설리번, 터커 맥스, 리드 트레이시와 연결될 수 있었다.

지니어스 네트워크에 투자하지 않았다면 이 책은 존재하지도 않았을 것이다. 또한 그토록 훌륭한 협력자들에게 접근할 수 있는 관계의 자유(제3부에서 논의하겠다)도 얻지 못했을 것이다. 내가 지니어스 네트워크 또는 다른 네트워크에서 가능한 변혁적 관계를 만들 수 있었던 유일한 방법은 그것을 비용이 아닌 투자로 보는 것이었다.

사실 나는 지니어스 네트워크의 첫 모임에서 상당히 놀랐다. 기업가들 중 상당수가 어떻게 하면 2만 5,000달러에 대한 '투자 수익'을 보장받을 수 있는지 물었기 때문이다. 내게 그것은 믿을 수 없을 정도로 편협한 생각이었다. 2만 5,000달러를 돌려받는 게 그토록 중요한 문제일까? 기업가들은 비용 중심의 사고방식을 하고 있었기에 돈을 돌려받는 문제에 집착했다. 그들은 2만 5,000달러가 아니라 그 투자액의 10배 혹은 100배의 수익을 생각해야 했다. 그리고 그렇게 할 유일한 방법은 변혁적 관계를 맺는 것이다.

투자 지향적인 사고방식을 가진 사람은 단기적 사고를 하지 않는다. 멀리 내다보고 더 큰 그림을 그리기 때문에 단순한 거래로 여기지 않는다. 대신 어떻게 적절한 사람 혹은 적합한 인재를 구하고 그들을 도울지 살핀다. 일차원적으로 계산하지 않는다. 그것을 넘어서는 가치를 알기 때문이다.

만약 당신이 비용 지향적이라면 본질적으로 눈앞의 이익을 계산하고, 단기적인 것에만 집중할 것이다. 협업자를 비용으로 볼 것이며, 이는 결코 멋진 협업을 할 수 없음을 의미한다. 당신의 비전을 달성하기 위해 함께 일하기로 선택된 사람들을 위해 쓰는 돈은 결코 비용이 아니다. 훌륭한 협업을 위해 모인 이들에게 쓰는 돈은 투자다.

만약 당신이 투자 지향적이라면 자신뿐 아니라 타인과도 변혁적 관계를 맺을 것이다. 당신은 장기적으로 내다보고 미래를 준비하며 점점 더 큰 비전을 갖게 될 것이다. 함께 일하는 인재에게 투자함으로써 당신의 미래가 극적으로 발전할 수 있음을 알게 될 것이다. 또한 당신이 하는 모든 결정은 거래적이지 않고 변혁적일 것이다. 예를 들어 가족과 시간을 보내기 위해 일을 하루 쉰다고 해보자. 하루 쉰다고 해서 비용이 나가는 게 아니라 사랑하는 사람들에게 하루를 투자하는 것이다.

비용에서 투자로 초점을 바꾸면 포기하는 것에 대해 걱정하지 않게 된다. 대신 더 가치 있고 중요한 결정을 함으로써 엄청난 이익을 얻을 수 있음을 깨닫게 된다.

> "커뮤니티 없이 생존할 수는 있지만
> 커뮤니티 없이 번성할 수는 없다."

===== **Key Point** =====

- '어떻게'에 집중하면 돈을 벌 수 있는 능력이 제한된다.

- 항상 '어떻게'를 직접 고민하고 실행하는 것이 고귀한 행동이라는 믿음을 버려라. 그것은 결코 고귀하지 않다.

- '어떻게'에 초점을 맞추면 희소성과 비용 회피에만 신경을 쓰게 되어 큰 그림을 놓친다.

- '어떻게'에 몰두하며 비용을 피하려 노력하다 보면 장기적으로 당신과 당신의 미래에 막대한 비용을 초래하게 된다.

- 협업자를 비용이 아니라 투자로 본다면 수입과 수익을 10배 혹은 100배 이상 빠르게 늘릴 수 있다.

- 협업자를 비용이 아닌 투자로 본다면 계산적 관계가 아닌 변혁적 관계를 만들 수 있다. 변혁적 관계에서는 모든 이들이 주는 것보다 받는 것이 많아진다.

- 자신의 시간을 비용이 아닌 투자로 보아야 한다. 그러면 시간, 돈, 관계, 목적의 자유를 확장할 수 있다.

제3부 **관계의 자유**

제7장

가치와 영감을 주는
기버에게만 찾아오는 이익

"당신은 소통하거나 도피하려 할 것이다."
—조 폴리시

조 폴리시는 고급 마케팅 마스터마인드 그룹인 지니어스 네트워크와 지니어스X, 그리고 비영리 단체인 지니어스 리커버리 재단의 설립자.《포브스》와《Inc.》두 잡지는 폴리시를 '재계에서 가장 인맥이 넓은 사람'으로 지칭했다.

이 책을 쓰면서 나는 기업인 수십 명을 직접 인터뷰하며 방법이 아닌 사람 중심의 원칙이 어떻게 적용되는지 알아보았다. 그리고 여러 인터뷰에서 폴리시의 이름이 나왔다. 그는 많은 사람에게 매우 중요한 협력자였다. 설리번은 폴리시를 선이나 경로가 교차

하거나 분기하는 지점, 즉 중심점 또는 연결점의 의미를 지닌 '교점'node이라고 부른다.

조 폴리시가 없었다면 이 책은 존재하지 않았을 것이다. 내가 댄 설리번과 터커 맥스, 리드 트레이시와 만난 것은 지니어스 네트워크를 통해서였기 때문이다. 폴리시는 관계에 접근하고, 발전시키고, 유지하는 방법이 매우 특별한 사람이다. 자신뿐만 아니라 다른 사람들도 관계를 발전시키도록 돕는다는 점에서 독특하다.

폴리시는 모든 사람의 질문에 자신이 답할 수 있다는 헛된 믿음을 갖고 있지 않다. 대신 적절한 '지니어스 네트워크'로 세상의 어떤 문제도 해결할 수 있다고 믿는다. 그래서 자신이 모든 사람의 문제에 대한 자문위원이 되는 대신 세계적인 수준의 기업가, 전문가, 마케터, 의사, 인플루언서, 혁신가들의 네트워크를 만들었다. 폴리시의 세계에 들어가면 그를 얻게 된다. 나아가 그의 확장판인 살아 숨 쉬는 천재들의 네트워크도 얻는다. 그래서 그는 그 인맥을 지니어스 네트워크라고 부른다.

하지만 한 가지 문제가 있다. 폴리시의 네트워크를 성공적으로 탐색하고 주요 구성원인 고위 인사들과 함께 성공하려면 진정한 관계와 변혁적 관계가 작동하는 방식을 제대로 이해해야 한다. 폴리시의 네트워크에 들어가려면 반드시 거쳐야 하는 심사 과정이 있는데 꽤 까다롭다. 그리고 네트워크에 들어간 후 그것을 최대한 활용하고 싶다면 사회에서의 일반적인 방식과는 거의 정반대로 관계에 접근해야 한다.

수준이 높고 전략적이며 의식적인 이 접근 방식을 이해하면 기본적으로 누구와도 관계를 맺을 수 있다. 10배, 100배 또는 그 이상으로 협업을 늘릴 수 있다. 그리고 이 접근 방식이 익숙해지면 시간이 지나면서 점점 더 이익을 창출하는 관계를 맺게 될 것이다. 한 인간으로서도 예상치 못한 방식으로 확장될 뿐 아니라 극적인 성장을 할 수도 있다.

방법이 아닌 사람을 찾는 것이 중요하다는 원칙의 실행을 돕기 위해 이 장에서는 관계에 대한 조 폴리시의 철학과 전략을 자세히 설명할 것이다. 배우자와의 관계든 친구, 고객, 팀과의 관계든 변혁적 관계를 모든 관계의 기준으로 삼는 데 필요한 마인드셋을 살펴보려 한다. 이 장의 목표는 당신 자신의 필터를 개선해 관계의 자유freedom of relationship를 경험하도록 하는 데 있다. 당신의 비전과 목표를 달성하는 데 필요한 사람들을 더 강력히 끌어당기고, 깊이 있고 수준 높은 관계를 맺도록 돕는 것이 목표다.

당신의 성공 능력은 당신 삶을 함께하는 사람들의 자질에 기초한다. 시간과 경제적 자유가 늘어나면 목표를 달성하는 데 도움이 된다. 나아가 더 깊은 삶의 의미와 목적을 부여해줄 사람들을 만나기도 쉽다. 그래서 목적의 자유는 특정한 사람들과 친분을 쌓고 관계를 발전시킬 수 있는 능력으로 측정된다. 목적의 자유가 커질수록 더 많은 사람과 접촉할 수 있다. 그러나 접촉만 하는 게 아니다. 선택한 사람들과 협력 관계를 맺고 발전시킬 능력과 이유도 갖게 될 것이다.

"직원들을 비용이 아닌 투자로 여겨라."

끌리는 사람과 관계를 맺어라

"당신이 추구하는 것은 자신을 찾는 것이다."

-마울라나 잘랄루딘 루미

조 폴리시는 관계가 옷과 같다고 생각한다. 만약 어울리지 않거나 너무 꽉 끼거나 헐렁하거나 기능적이지 않다면, 그 관계는 의미가 없다. 무엇보다도 누군가와 가까워질 때 외부의 강요나 필요에 의해서가 아니라 당신 스스로가 그들과 진심으로 가까워지기를 원해야 한다. 누군가와 친분을 쌓는 것이 싫은 일이어서는 안 된다. 그 사람과의 만남을 피하고 싶거나 그 사람에게서 달아나고 싶은 마음이 있어서는 안 된다. 가식적으로 행동하거나 뻐길 필요가 없어야 한다. 오히려 완전히 자유롭게 당신 자신이 되어야만 하고, 궁극적으로는 당신이 되고자 하는 사람이 되어야 한다.

"이 사람과 함께 있을 때 내 기분은 어떤가?"

이것이 인간관계에 대해 생각할 때 조 폴리시가 중요하게 여기는 점이다. 그는 그 사람에게 끌리지 않으면, 그 사람 곁에 있을 때 감탄스럽지 않으면, 영감을 받거나 유대감을 느끼지 못하면, 그 사람이 어떤 자격이 있고 얼마나 성공했는지 상관없이 그 관계를 발전시키지 않는다.

"나는 관계에 억지스러운 노력을 들이고 싶지 않아요. 잘 맞는 관계를 원하죠." 몇 년 전 설리번은 바바라와의 관계에 대해 폴리시에게 이렇게 말했다. 폴리시 역시 이에 동의했다.

사람을 찾을 때 적당히 타협하지 마라. 끌림을 느끼고 곁에 있으면 흥미로운 사람들과 변혁적 관계를 맺어라. 어떤 일이든 적임자를 찾아라.

"항상 지금 담당자에게 당신의 아이디어를 시험하라."

폴리시는 어떻게 리처드 브랜슨을 자기 편으로 만들었나

"성공한 사람이 아니라 가치 있는 사람이 되기 위해 힘써라. 사람들이 삶에 투자한 것보다 많은 것을 얻기 위해 어떻게 하는지 둘러보라. 가치 있는 사람은 받은 것보다 더 많이 줄 것이다."

-알베르트 아인슈타인

흔히들 그러듯 '내게 무슨 득이 되지?'라고 묻는 대신 폴리시는 '그들에게 무슨 득이 되지?'라고 묻는다.

사람들과 관계를 맺고 그들에게 다가갈 때 '내게 무슨 득이 되지?'라고 묻는 것은 끔찍한 방식이다. 이런 이기적인 '테이커'taker(조직 심리학자 애덤 그랜트는 대인 관계에서 자기가 주는 것보다 많이 받기를 원하는 사람들을 테이커, 자기가 받은 것보다 더 많이 주기를 좋아하는 사람들을 기버, 주고받기의 균형을 이루려고 애쓰는 사람들을 매처로 유형화했다. - 옮긴이) 마인드셋으로는 변혁적 관계를 만들 수 없다. '내게 무슨 득이 되는가'라는 마인드셋은 계산적이고 편협하며 똑같이 계산적인 사람들만 끌어모은다.

전염병을 피하듯 이런 유형의 사람들은 피해야 한다. 계산적인 사람들은 테이커지 기버giver가 아니다. 테이커들은 자기가 준 것보다 많이 받기를 원하며 자기가 더 주려고 하지 않는다. 그들은 어떤 집단이나 관계에서 얻을 수 있는 모든 '가치'를 빨아들일 때까지만 주변에 머물다가 다음 숙주로 옮겨가는 기생충과 같다.

폴리시는 어떤 사람과 가까워지기 전에 사전 조사를 한다. 그가 어떤 사람인지, 전후 사정은 어떤지, 무엇에 가치를 두는지, 무엇에 관심이 있는지, 무엇을 달성하려 하는지 정말로 알고 싶어 한다. 그래야만 적절하고 사려 깊게 관계를 맺을 수 있기 때문이다.

예를 들어 폴리시가 리처드 브랜슨Richard Branson을 처음 만난 곳은 버진 유나이트Virgin Unite 재단의 기금 모금을 위한 만찬장이었다. 폴리시는 브랜슨의 자선 재단에 1만 5,000달러를 기부했다. 그 대가로 폴리시는 소수의 다른 기부자들과 함께 브랜슨과의 저녁 식사에 초대받았다.

어떤 사람들은 브랜슨에게서 최대한 많은 가치를 뽑아내려 노력했다. 하지만 폴리시는 브랜슨에게 가치 있는 무언가를 주려고 노력했다. 폴리시는 기부를 늘리기 위해 버진 유나이트와 그 뜻을 알리는 비디오를 배포하는 아이디어를 제시하고 브랜슨과 이야기를 나눴다. 폴리시는 브랜슨에게 어떻게 하면 교육 기반 마케팅을 활용해 버진 유나이트의 메시지를 전 세계에 알릴 수 있을지를 설명했다. 그리고 사람들의 이해를 높이면 그들의 시간, 노력, 기부를 통해 버진 유나이트를 지지할 가능성이 더 커진다는 것을 설명했다.

그 아이디어를 들은 후 브랜슨은 폴리시에게 그것을 서면으로 작성해 개인 이메일로 보내줄 수 있는지 물었고, 폴리시는 기꺼이 그렇게 했다.

"그날 저녁 브랜슨의 이메일 주소를 받은 사람은 나뿐일 겁니다."라고 폴리시는 말했다. 그때부터 지금까지 수년간 브랜슨은 폴리시의 여러 행사에서 연설했고, 폴리시는 브랜슨이 소유한 네커섬에 여러 번 다녀왔다. 사실 폴리시는 브랜슨과 많은 시간을 보냈다. 이 모두는 폴리시가 브랜슨에게 시간을 내달라고 요구해서 벌어진 일이 아니다. 그 대신 폴리시는 브랜슨이 원하는 것을 주는 사람이었고 브랜슨이 주변에 두고 싶은 편한 사람이 되어주었다.

하지만 폴리시의 이타주의는 거기서 멈추지 않았다. 브랜슨에게 그 아이디어를 준 후 폴리시는 버진 유나이트의 관리 책임자인 진 얼왕Jean Oelwang을 인터뷰했다. 그러고는 자신과 관계를 맺은 사람들, 구독자, 팬들에게 버진 유나이트를 홍보해도 되는지 물었다.

얼왕과의 인터뷰를 통해 더 많은 사람들이 버진 유나이트에 대해 알게 되었고 그들의 자선행사에 참여하도록 영감을 받았다. 브

166

랜슨의 '록 더 카스바'Rock the Kasbah 기금 모금 갈라 행사 중 하나에 폴리시와 지니어스 네트워크 사람들 92명이 참석했다. 그리고 한 사람당 2,500달러를 버진 유나이트에 기부했다.

그날 밤 열린 경매에서 폴리시의 사람들 중 상당수가 버진 유나이트를 지원하기 위해 경매품을 구입했다. 폴리시는 이 자선단체를 위해 수백만 달러를 모금했으며 브랜슨의 최고 기금 모금자가 되었다.

이 이야기의 교훈은 무엇일까? 누군가에게 의미있는 무언가를 제공할 수 없다면 접근하지 말라는 것이다. 그 무언가는 단지 칭찬이나 아첨이 아니라 실질적이고 의미 있는 것이어야 한다. 진정성이 담겨 있고 실질적 가치가 있는 것이어야 한다. 그리고 관계를 지속하고 싶다면 계속 가치를 창출해야 한다.

사람들과 관계를 맺을 때 '그들에게 무슨 득이 되지?'라고 자문해보라. 비전을 세울 때 그것이 협력자들의 목표와 일치하고 그들이 개인적으로 원하는 바를 달성하는 데 도움이 되는지 확인하라.

"돈을 더 많이 벌려면 일을 덜 해야 한다."

남에게 줄수록 나에게 돌아오는 관계의 비밀

"성공한 기버들은 모든 면에서 테이커와 매처만큼 야심적이다. 다만 그들은 목표를 추구하는 방식이 다를 뿐이다. … 만약 다른 사람을 도울 때마다 대가를 요구한다면 당신의 네트워크는 훨씬 축소될 것이다. … 기버들은 주변 사람들의 성공을 강화해주는 파급 효과를 일으킴으로써 성공한다."

-애덤 그랜트

"올라가는 길에 사람들에게 잘해주어라. 내려가는 길에 만나게 될 테니까." 폴리시는 이 말을 좋아한다. 처음 관계를 시작할 때는 기버가 되기 쉽다. 보통 그 관계에서 무엇을 얻을 수 있는지 알고 있기 때문이다.

경력을 쌓기 시작할 때는 일한 만큼 보수를 받는다. 하지만 크게 성공하고 영향력을 갖게 되면 시간이 갈수록 자신의 이름값에 대한 보수를 받게 된다. 그래서 원하는 것을 얻거나 약간의 명성을 얻고 나면 자신의 명성을 믿는 경향이 생긴다. 명성에 취해 안주하는 것은 위험하다. 그러니 이런 일이 일어나지 않도록 주의할 필요가 있다.

'그들에게 무슨 득이 되는가'라는 생각에 몰두해서 관계를 키워

가지 않는다면 도중에 많은 관계가 끊길 것이다. 자기 이익만 신경 쓰는 것은 성공에 유용하지 않다. 이기적인 사람을 좋아하고 돕고자 하는 사람은 없기 때문이다.

많은 사람이 그저 좋은 일을 하고 싶어 하지는 않는다. 그보다는 호감과 지위를 얻고 싶어 한다. 지위에만 초점을 두면 원하는 지위를 얻은 후 그 월계관에 안주하게 된다. 자신이 거둔 성공의 열기에 들떠 다른 사람들에게 도움을 주지도 않고 관심을 두지도 않게 된다.

만약 더 의식적이고 호혜적인 방식으로 사람들과 가까워지는 법을 아직 모른다면 그것을 배워야 한다. 가장 좋은 방법은 자원봉사를 하는 것이다. 그 어떤 보상도 기대하지 않고 다른 사람들에게 봉사하는 방법을 배워라. 축하를 받지 못하더라도 대의와 다른 사람들의 목표를 위해 헌신하는 법을 배워라. 자살 예방 핫라인 전화 상담, 선거 캠페인 지원, 노숙자 쉼터나 무료 급식소 봉사, 특정 종교나 대의를 진파하는 전도사 활동 등 자원봉사할 곳은 많다.

만약 당신이 다른 이에게 도움을 주고 관대함을 유지한다면 세상은 당신에게 친절할 것이다. 당신은 관계의 자유를 얻을 테니 세상의 모든 기회가 찾아올 것이다. 당신의 사람들, 특히 오랫동안 당신 삶에 있었던 사람들에게 의미를 만들어주고 가치를 주어야 한다. 그 일을 절대 멈추지 마라.

"과거보다 미래를 꿈꾸게 하는 사람들과 함께하라."

감사는 행운과 풍요를 불러들이는 주문이다

"자수성가는 환상이다. 당신이 오늘과 같은 삶을 살 수 있도록 많은 사람들이

훌륭한 역할을 해주었다. 당신이 얼마나 감사하게 생각하는지 그들에게 꼭

알려라. 예컨대 당신에게 배우자나 동업자를 소개해준 사람을 소개해준 사람

에게까지 감사를 표하라."

-마이클 피시먼

"인간 본성 중 가장 깊은 갈망은 인정받고 싶은 욕구다."

-윌리엄 제임스

감사는 오래간다. 물론 진심으로 감사하고 지속해서 감사해야

한다. 당신이 감사를 표할 때 사람들은 당신을 더 돕고 싶어 한다.

당신이 진심으로 감사하면 그들은 당신과 함께 일하고 싶어 할 뿐

아니라 계속 당신 주위에 있고 싶어 할 것이다. 사람은 누구나 인

정받고 싶고 가치 있는 존재로 여겨지고 싶은 욕구가 있다. 이는 선천적으로 타고난 욕구다.

당신을 위해 사람들이 해주는 크고 작은 일들에 대해 구체적으로 그리고 자주 진심으로 감사하라. 그럴 때 당신 역시 변화할 수 있다. 더 친절하고 더 겸손하고 더 행복한 사람이 될 수 있다. 그뿐 아니다. 감사하는 태도는 흥미로운 사람들을 당신 삶에 끌어들일 일이기도 한다. 감사는 풍요를 끌어들이고 창조하기 때문이다.

심리학은 감사를 실천하는 사람들이 얻는 많은 이득을 꾸준히 연구하고 그 결과를 보고해왔다. 그 이득은 다음과 같다.

신체적 이점

- 면역 체계 강화
- 통증과 고통에서 유발되는 괴로움 감소
- 혈압 강하
- 운동량의 증가와 건강 관리의 향상
- 수면 시간의 증가와 상쾌한 기상

심리적 이점

- 높은 수준의 긍정적 감정

- 기민함, 생기, 각성 상태의 향상

- 기쁨과 즐거움의 증가

- 낙관성과 행복함의 증가

사회적 이점

- 유용성, 관대함, 인정의 증가

- 더 너그러워짐

- 사교성 향상

- 외로움과 고립감의 감소

Key Point

- 먼저 그 관계에서 가치를 창출하라. 그러지 않은 상태에서 관계를 시작하지 마라.

- 가치를 창출하고 관계를 키워라. 이것을 절대 멈추지 마라.

- '내게 무슨 이득이지?' 대신 '그들에게 무슨 이득이지?'라고 질문하라.

- 상대방이 무엇에 관심이 있는지 관심을 기울여라.

- 그들과 그들의 상황, 목표를 파악하고 적절한 가치를 제공하라. 그들의 시간을 낭비하지 마라. 사전 조사를 해두면 좋다.

- 변혁적 관계를 발전시키고 싶다면 계산적 방식이 아닌 변혁적 방식으로 관계에 접근하라.

- 결과를 내라. 관련된 모든 사람을 위해 파이를 키워라. 거창한 미래를 약속하지 말고, 즉각적인 결과를 도출하라. 당신이 감당할 수 없는 것을 약속하지 마라.

- 지위가 아니라 봉사와 성장을 위해 진정으로 노력하는 관대한 기버가 돼라.

- 올라가는 길에 만나는 사람들을 친절하게 대하라. 내려가는 길에 같은 사람들을 만날 테니 말이다.

- 당신 삶을 함께하는 사람들에게 크고 작은 방법으로 감사하라. 그러면 놀라운 풍요를 얻게 될 것이다.

제8장

매력적이지만
맞지 않는 사람을 피하는 법

"지능은 더 미세한 것을 구별할 수 있는 능력이다."
—로버트 기요사키

스물아홉 살의 케이트 그레밀리언은 노스캐롤라이나주 롤리에 사는 사업가이자 전략가다. 그녀는 성공적으로 사업을 꾸려 큰 수입을 올릴 뿐 아니라 일정을 완벽히 통제할 수 있다. 후자는 최근 결혼하면서 만끽하는 점이다. 지금은 아주 멋진 삶을 살고 있지만 2년 전만 해도 그녀의 삶은 전혀 달랐다. 그녀는 병원에 입원해 있었고 거의 죽을 뻔했다.

다른 많은 사업가처럼 그레밀리언은 일을 너무 많이 했으며 끊임없이 '더 많이'라는 함정에 갇혔다. 그녀는 더 많은 활동을 하고,

더 많은 고객을 확보하고,《포브스》같은 플랫폼에 더 많이 실린다면 수익이 늘고 더 성공하게 될 거라고 믿었다. 그레밀리언은 서류상 큰 성공을 거두었고 이력서를 채울 다양한 자격 사항을 늘려가고 있었다. 하지만 일하는 시간이 너무 길었다. 그녀의 고객들에게 내세우는 모든 것을 가진 사람이라는 정체성을 따라잡기 위해 말 그대로 자신을 죽이고 있었다.

그러던 중 그녀는 자궁내막증을 진단받았다. 호르몬 기준치로 돌아가기까지 2개월이 걸렸고 오늘날까지도 스트레스를 낮추면서 매일 관리하고 있다. 스트레스를 받으면 바로 증상들이 나타났기 때문에 건강을 관리해야 했다. 결국 자궁내막증 진단 이후 일을 맡아줄 사람을 구했고 외주는 필수가 되었다.

그레밀리언은 과거 밤낮없이 일했던 것이 사실 자만이었음을 깨달았다. 그녀는 업무 대부분을 성공적으로 할 수 있는 사람은 자기뿐이라고 생각했다. 진심으로 그렇게 믿었다. 그래서 일을 너무 많이 했고 당연히 그 결과는 좋지 않았다. 하지만 그레밀리언은 정말로 뛰어난 학습자여서 그 경험을 통해 무엇이 잘못되었는지, 앞으로 어떻게 해야 하는지를 절실히 깨달았다. 그리고 자신이 하고 있던 것 전부를 바꾸었다. 그녀는 동업 관계를 청산하고 자신에게 중요한 핵심 원칙들로 돌아가 인생을 새로 시작하기로 결심했다.

그레밀리언은 자신에게 물었다. 실제로 원했던 것은 무엇인가? 어떤 사람이 되고 싶었는가? 이제 더는 할 용의가 없는 일은 무엇인가? 앞으로 일에 접근하는 방식은 어떻게 달라질 것인가? 시간을 확보하면 명료함을 추구할 여유가 생긴다. 예전의 그레밀리언은 자신에게 시간을 주지 않았다. 하지만 병을 진단받고 미래를 생각하다 보니 어떤 사람이 되고 싶은지, 미래의 자신이 개념화되었다. 그녀는 자신의 환경을 새롭게 설계했다. 어떻게 일하고, 누구와 일하고, 어떤 삶이 될지 등을 상상하면서 말이다.

그레밀리언은 기업가들이 수입을 극대화하고 잡무를 최소화하는 시스템을 만들 수 있도록 돕고자 했다. 바로 그 점에 초점을 둔 새로운 컨설팅 회사를 만들었다. 그녀는 녹초가 되도록 일하는 대신 자신이 원했던 이상적인 생활방식을 중심으로 이 회사를 만들었다. 경계를 더 확고히 하고 우선순위를 더 분명히 했다. 그레밀리언은 다시는 자신을 곤경에 빠뜨리지 않기로 결심했다. 사업을 위해 자신이 존재하는 게 아님을 알고 있기에 이제는 자신을 위해 사업을 할 생각이다.

그레밀리언은 작은 팀을 꾸렸다. 팀은 자신들이 원하는 고객 유형을 결정하고 같이 일하고 싶은 사람들에 관해 훨씬 더 확고한 기본 규칙을 만들었다. 과거 그레밀리언은 불만스러워도 자진해서 사람들과 전화와 이메일을 주고받았다. 그런데 지나고 보니 대부분 그녀의 회사와 맞지 않는 이들이었다. 기본적인 것조차 알아보지 않은 불특정 다수가 연락을 해오는 경우가 많았다. 그녀의 팟캐스트와 블로그에서 이미 제공하고 있는 사업 조언과 정보조차 검색해보지 않고서 말이다.

이제 그레밀리언은 적합한 사람만 그녀의 일정에 들어오도록 보장해주는 여러 완충 장치를 두고 있다. 그녀는 수신 이메일과 문의를 선별하도록 비서를 훈련했고, 그들은 그레밀리언과 접촉할 사람들을 선정하기 위해 절차를 만들었다. 만약 그레밀리언이 찾는 조건을 충족시키지 못하는 사람이라면 정중히 거절한다. 그 결과 그레밀리언의 시간은 이전보다 훨씬 효과적으로 쓰인다. 그녀가 제공하는 서비스에 더 적합하고 더 일치하는 대상하고만 대화를 나눈다. 그래서 낭비되는 시간이 별로 없다.

예전의 그레밀리언은 적합하지 않은 대화와 고객을 기꺼이 용인했다. 누구라도 연락해오면 모두 응대한 것이다. 이제 그녀는 함께 일하고 싶은 사람, 즉 그녀의 컨설팅을 제대로 활용할 수 있는 사람들하고만 관계를 맺는다. 그레밀리언은 자신이 선택한 고객들에게 놀라운 사람, 즉 영웅이 되고 싶어 한다. 고객과의 관계에서 무언가를 얻기 위해서가 아니다. 양측이 최적의 경험을 할 수 있도록 적합한 사람들만 받는 것이다. 이렇게 한 결과 그레밀리언은 관계의 자유가 확장되었고, 이는 더 많은 수입과 시간을 가져다주었다.

> "20년 동안 중요한 무언가를 위해 노력한다면
> 주변의 모든 것이 바뀐다."

때론 거절하는 것이 가장 현명한 선택이다

"어떤 일을 할지 말지 결정할 때 '와! 굉장하겠다! 이건 무조건이야! 당연히 해야지!'란 느낌이 들지 않으면 거절하라."

-데릭 시버스

채드 윌러드슨은 《스트레스 프리 머니》Stress-Free Money의 저자이며 남부 캘리포니아에서 최고의 자산관리 회사로 꼽히는 퍼시픽 캐피털의 창립자 겸 회장이다. 윌러드슨은 한 주에도 몇 명씩 잠재 고객을 추천받는다. 2019년 어느 날 아침 윌러드슨은 한 고객에게서 이메일을 받았다. 최근 사업체 매각으로 1억 달러를 번 사람을 추천하는 이메일이었다.

이것은 분명 윌러드슨에게 신나는 소식이었다. 대부분의 자산 관리사에게 몇백만 달러의 자산이 추가된 고객이 생긴다는 것은 매우 좋은 일이다. 그러니 1억 달러 자산을 가진 고객 한 명이 추가된다는 건 실로 엄청난 일이었다.

윌러드슨은 그 사람, 그의 사업과 가족 배경 등 모든 사전 조사를 하기 시작했다. 그리고 우연히도 그 주 후반에 두 사람은 같은 행사에 참석했다. 놀랍게도 그 남자가 윌러드슨에게 다가와 말했다. "제가 찾던 분이네요. 우리가 나눠야 할 중요한 이야기가 있어요."

그는 윌러드슨에게 이런 이야기를 했다. '월가의 여러 금융 대기업 투자은행 팀과 개인 자산 그룹을 만나보았다. 하지만 개인의 요구에 맞춘 조언을 해주고, 개인적 관심을 받을 수 있는 부티크 자산운용사와 개인 자문 팀을 만나보고 싶었다.' 주로 이런 내용이었다. 그들은 그다음 주에 스카이프로 통화하기로 했다.

스카이프 통화 전에 윌러드슨은 만반의 준비가 되었는지 거듭 확인했다. 그와 그의 팀은 새로운 고객 및 그의 가족과 함께 일할 수도 있다는 사실에 매우 흥분했다. 하지만 통화를 시작한 지 5분도 안 돼서 윌러드슨은 이 사람이 매우 까다로운 고객이 될 것이라는 직감이 들어 좀 망설여졌다. 남자는 거칠고 거들먹거렸으며 몹시 신경에 거슬리는 사람이었다. 그는 몇 분에 걸쳐 그가 이미 접촉했던 모든 회사들과 그곳에서 약속받은 온갖 혜택과 할인에 대해 늘어놓았다. 그리고 함께 일하게 될 경우 요구할 사항들을 일방적으로 제시했다.

그는 윌러드슨에게 이런 말도 했다. "퍼시픽 캐피털과 담당 팀은 제 남다른 일 처리 방식에 적응해야 할 거예요." 그러곤 1주일에 3~5번 연락해서 어떻게 해야 하는지 하나하나 직접 알려주겠다고 했다. 기본적으로 이것은 환자가 병원에 가서 의사에게 무엇을 처방해야 하는지, 얼마나 자주 처방해야 하는지 말하는 것과 같다. 그 남자는 훌륭한 조력자를 구해놓고는 그 조력자에게 일 처리를 맡기려 하지 않았다. 그는 조력자가 무엇을 해야 할지 자기가 결정하고, 그 일들을 시키고 싶어 했다.

통화 내내 윌러드슨은 침착함을 유지했다. 그는 남자의 질문에 전부 대답해주었다. 남자가 팀원들을 보고 싶다고 요구했을 때는 팀원들을 윌러드슨의 사무실로 불렀다. 그리고 스카이프를 통해 간단히 자기소개를 하고 각자의 역할과 고객에게 어떻게 서비스를 제공하는지 설명하게 했다. 그 남자는 팀원과 인사를 나누며 자기가 얼마나 특별한 대우를 받을 수 있는지 거들먹거리며 물었다. 그는 매우 까다롭고 힘든 고객이 될 게 분명했다.

통화가 끝난 후 윌러드슨은 통화 내용을 정리하고 대화의 요점을 강조한 이메일을 이 남자에게 보냈다. 고액 순자산 고객들을 위한 퍼시픽 캐피털의 서비스를 설명했다. 그리고 남자의 개인적, 재정적 목표 달성에 도움이 되려면 기존 팀에 훌륭한 전문 인력을 추가해야 한다는 점과 이유에 대한 설명도 이메일에 포함시켰다.

얼마 후 윌러드슨은 스카이프 통화에서 이야기한 것보다 더 많은 요구와 기대 사항들로 채워진 남자의 이메일을 받았다. 윌러드슨은 이 기대 사항들이 불합리할 뿐만 아니라 비생산적이라고 생각했다. 그날 밤 남자는 직원 모두에게 자신이 기대하는 바를 자세히 설명한 여러 개의 문자 메시지까지 보냈다.

금요일인 다음 날 아침 윌러드슨과 팀은 매일 하는 아침 회의를 했다. 팀원들이 새로운 고객에 대해 어떻게 생각하는지 의견을 나눴다. 고객 서비스 책임자들을 포함한 몇몇 팀원들은 통화에서 매우 무례함을 느꼈다고 이야기했다. 그들은 남자가 매우 까다로운 고색이 될 게 우려되지만, 포트폴리오 규모를 고려할 때 놓칠 수 없는 고객이라고 했다. 이 엄청난 고객이 회사에 얼마나 큰 의미가 있을지 이해하므로 그의 요구 사항을 처리할 방법을 알아내겠다고도 말했다.

주말 동안 윌러드슨은 이 기회에 대해 곰곰이 생각해보았다. 그는 새로운 고객을 어떻게 도울 수 있을지 몇 가지 질문을 하면서 생각을 거듭했다. 어떻게 하면 가능한 한 문제의 발생을 적게 하면서 이 일을 해낼 수 있을까? 지금은 그의 요구가 많은 듯하지만, 시간이 지나면 나아지지 않을까? 그를 수용하기 위해 우리의 핵심 원칙을 상당 부분 양보해야 할까? 과연 그럴 가치가 있을까?

월러드슨은 어떻게 해야 할지 100퍼센트 확신이 서지 않았다. 그 남자는 엄청난 거물 고객이고 회사에 다른 길을 열어줄 수도 있었다. 팀원들에게 하고 싶은 말을 참고 '그가 회사에 가져다주는 모든 수익을 고려해' 이 남자가 무엇을 원하든 처리해줘야 한다고 말한다면 어떻게 될까?

그럴 경우 팀의 사기와 자신감에 어떤 영향을 미칠지 생각해보았다. 월러드슨은 그런 점에 전혀 공감할 수 없었다. 만약 누군가가 그의 팀을 상대로 거드름을 피우고 방해한다면 그리고 불합리한 요구를 한다면? 그것은 용납하기 어려운 일이다. 아무리 많은 돈이 생긴다 해도 결코 그만한 가치가 없다고 결론지었다. 그는 그 일을 맡지 않기로 결정했다.

주말 내내 월러드슨은 자신의 요구와 기대 사항을 반복해서 밝힌 잠재 고객의 이메일과 문자 메시지를 여러 통 받았다. 월러드슨은 그에게 다음 주 중반에 다시 통화하면 좋겠다는 답장을 보냈다. 전화가 연결되자마자 남자는 자신의 요구 사항을 반복해서 말하기 시작했다. 윌러드슨은 그에게 이렇게 말했다. "사장님, 그리고 사장님의 가족과 함께 일하자고 제안해주신 것만으로도 정말 감사합니다. 하지만 팀원들과 이야기를 나눈 결과 저희보다는 다른 곳과 함께 일하시는 게 더 낫겠다고 판단했습니다."

그러자 남자가 놀라며 물었다. "지금 무슨 말을 하는 거요?" 그의 충격은 곧 분노로 변했다. 이 남자는 거절당하는 것에 익숙하지 않았다. 그는 모든 사람이 그의 요구와 바람에 맞춰주는 데 더 익숙했다.

"저희는 이번 기회를 감사히 생각합니다. 정말 감사드립니다."라고 윌러드슨이 말했다. "하지만 저희와는 잘 맞지 않는 듯합니다. 사장님께서 기대하는 사항들에 맞춰줄 회사들이 분명히 있을 것입니다. 앞으로도 건승하시기를 기원하겠습니다."

통화는 어색하게 끝났지만, 전화를 끊자 윌러드슨은 힘이 났다. 초고액 자산가를 거절함으로써 윌러드슨은 팀원들의 엄청난 신뢰와 자신감을 얻었다. 잠재 고객이 200만 달러만 보유하고 있었다면 그 상황을 거절하기가 확실히 더 쉬웠을 것이다. 그들 모두는 윌러드슨이 수익성 있는 일보다 옳은 일을 우선시하기로 했다는 사실에 안도했다. 잠재적인 부담이 사무실에서 사라졌다. 윌러드슨의 결정은 팀에 행복과 명료함을 불어넣었다. 나아가 관계에 있어 자유로움을 확장했다.

월러드슨이 이런 선택을 할 수 있었던 이유는 무엇일까? 그것은 부적합한 고객들과 함께 일할 때 미치는 영향을 과거에 이미 경험했기 때문이다. 그런 고객들과 일할 때는 관계가 긴장되었고 항상 불만이 있었다. 그들의 가치와 비전은 일치하지 않았고, 그에 대해 할 수 있는 일이 아무것도 없었다. 그런 고객들은 월러드슨의 팀을 고용해놓고도 조언을 듣고 싶어 하지 않았다. 그 어떤 서비스에도 감사하지 않았다. 그렇게 맞지 않는 경우에는 결국 한쪽이 그만두겠다고 하면서 안 좋게 관계가 끝나고는 했다.

현재 월러드슨은 퍼시픽 캐피털과 맞지 않는 고객과 일할 용의가 전혀 없다. 그는 소개받은 사람을 받아들이는 경우보다 거절하는 경우가 더 많다. "우리와 잘 맞지 않는 사람들과 함께 일하기로 합의한다면 그건 우리 팀에게도 피해를 주고 새로운 고객에게도 피해를 주게 될 겁니다."라고 월러드슨은 말했다.

개인으로서 그리고 회사의 수장으로서 월러드슨은 시간의 자유와 경제적 자유를 모두 가진 사람이다. 그 결과 자신과 회사를 위해 그가 무엇을 원하는지 아주 분명히 알고 있다. 또한 누구와 일하고 누구와 시간을 보낼지 까다롭게 고를 수 있다.

윌러드슨은 적합한 잠재 고객과 만날 때 필사적으로 덤비지 않는다. 그는 함께 일할 사람들을 위해 최고가 되는 것에 진지하다. 만약 그가 그들에게 최고의 협력자가 될 수 없다면 그들과 함께 일하지 않을 것이다. 그는 잠재 고객들에게 이렇게 말한다.

"우리와 함께 일해야 한다는 부담을 느낄 필요가 없습니다. 이건 쌍방의 면접이고 양측이 서로 잘 맞는지 평가하는 과정이니까요. 만약 다른 자문회사를 선택하셔도 저희는 개의치 않습니다. 우리의 목표와 기대가 100퍼센트 같고 신이 날 때만 함께 일하고 싶습니다. 성공적이고 장기적인 관계를 위해서는 첫날부터 서로 조율하고 솔직해지는 것이 매우 중요합니다. 결국에는 그게 전부죠."

"기억보다 야망이 큰 만큼 우리는 젊음을 유지한다."

판매자가 아닌 구매자의 마인드일 때 보이는 것

"누군가를 우선순위에 두지 말아라. 그리고 당신이 그들의 선택지가 되도록 하라."

-마크 트웨인의 말로 추정

하버드대학의 심리학자 대니얼 길버트Daniel Gilbert 박사의 연구에 따르면 사람의 성격, 즉 선호와 태도는 시간이 지나면서 변한다고 한다. 당신을 예로 들어 생각해보라.

당신은 10년 전의 당신과 같은 사람인가? 당신이 세상을 보는 시각은 10년 전과 똑같은가? 아니면 5년 전과 같은가? 당신은 같은 목표들에 집중하고 있는가? 당신의 우선순위는 과거와 똑같은가? 당신은 예전과 똑같은 것들을 원하는가? 예전에 시간을 보냈던 방식과 비교해보면 지금은 시간을 어떻게 보내고 있는가?

길버트 박사의 지속적인 연구 결과에 따르면 사람들은 대체로 10년간 큰 변화가 있었다고 한다. 그레밀리언과 윌러드슨은 일하는 방식을 바꾼 사람들이고 그 한 사례다. 이들처럼 과거는 당신이 다른 미래를 만들어가는 데 반면교사가 되어야 한다. 그레밀리언과 윌러드슨은 과거에는 용납하거나 그냥 넘겼던 일들을 더 이상 그냥 넘기지 않는다. 그들은 자신에게 적합한 사람들을 위해 자신도 최대한 적합한 사람이 되고자 더욱 노력하고 있다.

경영 코치이자 전략가인 섀넌 월러Shannon Waller도 약간의 차이는 있지만 같은 발견을 했다. 6년 전 월러는 드디어 행정 보조를 고용했다. 그녀가 하던 많은 일에서 자유로워지면서 깨달음을 얻었다. 이전에 대단히 중요하다고 여겼던 일들이 실은 그렇지 않음을 금방 알게 된 것이다. 한때는 오직 자신만이 할 수 있다고 믿었던 활동들이 다른 사람에게 쉽게 넘겨줄 수 있는 것들임을 깨달았다. 그 일들을 다른 사람에게 넘기자 월러의 열정과 목표에 부합하는 동시에 더 영향력 있는 프로젝트에 집중할 시간이 훨씬 더 많아졌다.

월러드슨이 고액 자산을 지닌 고객을 거절할 수 있었던 데는 지나치게 까다로운 고객들을 만나 겪어야 했던 최근 경험도 작용했다. 게다가 월러드슨은 그 기회가 미래의 자신에게 이익이 아니라 오히려 손실이 될 수도 있음을 알았다. 그 때문에 외견상 좋아 보이는 기회를 거부할 수 있었다. 그는 자신의 가치관을 고수했다. 부정적일 가능성이 높은 경험을 거부할 수 있는 강력한 리더가 되고 싶었다. 월러드슨은 자신의 미래를 명확히 그리고 있었기 때문에 굉장해 보이는 현재의 기회를 거부할 수 있었다.

이제 당신 차례다. 다음 질문들을 숙고해보는 시간을 가져보자. 먼저 곁에 있는 사람들의 유형을 생각해보자. 그들과의 관계 속에서 당신은 지난 5년 동안 어떻게 변했는가? 당신이 더 이상 참을 수 없는 것들은 무엇인가? 당신 삶에 존재하는 사람들을 위해 당신은 어떻게 더 나은 사람이 되었는가?

이에 관해 설리번은 "항상 구매자가 되어라."라고 말한다. 이 말은 모든 상황에서 판매하는 사람이 아니라 구매하는 사람이 되어야 한다는 뜻이다. 구매자는 판매자를 거절할 수 있지만 그 반대는 불가능하다. 윌러드슨은 구매자다. 그는 고객을 선택한다. 그와 함께 일하고 싶다고 해서 누구나 그럴 수 있는 것은 아니다. 그것이 관계의 자유다.

당신은 삶의 모든 측면에서 구매자가 될 수 있다. 당신의 비전과 일치하지 않는 모든 것을 거부함으로써 말이다. 구매자가 되는 데는 용기가 필요하지만, 시간이 지나면 그게 당신이 관계를 맺는 유일한 방식이 될 것이다. 당신은 미래의 자신, 비전, 우선순위에 관해 대단히 명확하므로 관계에 엄청나게 까다로워질 것이다.

당신과 완전히 일치하지 않는다는 직감이 드는 사람, 의무, 상황을 거부하기 시작할 때 비로소 당신은 자신감과 목적을 확장할 수 있다. 그럴 때 당신은 가치가 큰 관계, 즉 당신과 상대방 양측이 완전히 일치하고 강력하게 서로를 향상시킬 수 있는 관계에만 관여하게 될 것이다. 왠지 잘 맞지 않고 꺼려지고 마음에 들지 않는 사람과는 관계를 맺지 마라. 절대 그럴 필요가 없다.

"개인의 자신감은 현재의 능력보다 훨씬 큰 목표를 향해 나아가는 데서 나온다."

- 관계의 자유를 얻으려면 자신의 비전과 맞지 않는 사람들과 관계를 맺어서는 안 된다.

- 부적합한 사람들과 직접 작업하지 않도록 완충 장치와 시스템을 구축할 수 있다.

- 자신의 비전과 일치하지 않는 사람이라면 거절할 필요가 있다. 이때 당신의 자신 감은 높아질 테고 팀 역시 리더인 당신을 신뢰하게 될 것이다.

- 당신의 현재 자아는 과거 자아가 용인했던 상황과 사람들을 더 이상 용납하지 않는다.

- 당신의 미래 자아는 현재 용인하는 상황과 사람들을 용납하지도, 관여하지도 않을 것이다.

- 당신이 만들고 싶은 미래를 바탕으로 용기 있는 결정을 할 때 자유와 성공을 향해 더 과감하게 도약할 수 있다.

제9장

모든 팀은
천재적 개인보다 위대하다

"두뇌나 전략이 아무리 뛰어나도 혼자서는 항상 팀에게 진다."

―리드 호프먼

놀라운 일이 일어나는 곳마다 협업이 이뤄지고 있다. 골프를 예로 들어보자. 골프는 개인 스포츠처럼 보이지만 핵심을 짚어보면 그렇지 않다. 미국프로골프PGA 경기에서 각각의 선수는 혼자 경기한다. 그러나 선수들은 각자 캐디를 대동할 수 있다. 캐디는 그저 선수의 가방과 클럽을 들고 다니는 사람이 아니다. 그들은 조력자, 교사, 전략가, 임상 심리사 역할을 하면서 통찰력 있는 조언과 정신적 지원도 해준다. 그들이 과연 중요할까 싶겠지만, 최상위 수준에서는 훌륭한 캐디가 성패를 좌우할 수도 있다.

타이거 우즈와 그의 캐디 스티브 윌리엄스Steve Williams의 관계는 아주 좋은 예다. 윌리엄스는 1999년부터 2011년까지 우즈의 캐디를 하면서 우즈의 가방을 나르고 격려해주는 것 이상의 일을 했다. 그는 우즈가 뒤처지고 있으면 경쟁심을 촉발하기 위해 우즈를 놀리고 야유해 피가 끓게 만들기도 했다. 그뿐 아니다. 윌리엄스는 우즈의 경기력을 향상시켜줄 것으로 생각되는 경우에는 일부러 잘못된 정보를 주기도 했다.

2000년 PGA 챔피언십 4라운드 17번 홀의 페어웨이에서 우즈는 1타 차로 뒤지고 있었다. 선두와 동점이 되려면 버디를 해야 했다. 깃대까지 95야드로 추정됐지만 윌리엄스는 우즈에게 일부러 90야드라고 말했다. 윌리엄스는 우즈의 경기 방식과 패턴을 우즈 본인보다 많이는 아니더라도 본인만큼 잘 알고 있었기에 이렇게 말한 것이다. 잡지 《골프》와의 인터뷰에서 윌리엄스는 다음과 같이 말했다.

"우즈의 거리 조절에 문제가 생겼죠. 그는 같은 클럽으로 같은 거리에서 세 번 연속 3타를 똑같이 치는 데 어려움이 있었습니다. 그래서 나는 야드 수를 곧이곧대로 말하지 않고 조정해서 말했습니다. 만약 95야드라면 그의 스윙 상태에 따라 85야드라고 말할 때도 있었어요."

윌리엄스의 조언에 따라 우즈는 17번 홀에서 2피트 떨어진 곳으로 공을 쳐서 결국 3홀 연장전에서 승리했다. 윌리엄스는 5년 동안 우즈에게 야드를 부정확하게 알려주었는데, 그 기간이 가장 성적이 좋았던 때이기도 했다.

이 장의 나머지 부분에서는 특정 프로젝트에서 효과적으로 협업하는 방법을 알아보고, 주요 요소들을 분석할 것이다.

"지지는 목적에 이끌린다."

다른 사람들의 제안을 받아들이고 의지하라

"반대가 없으면 진보도 없다."

-윌리엄 블레이크

우즈는 윌리엄스의 아이디어, 시각, 전략에 상당히 의존했다. 물론 우즈가 반발하거나 동의하지 않을 때도 있었다. 하지만 윌리엄스가 특정 상황이나 전략에 대한 우즈의 생각을 바꿔놓을 때가 더 많았다.

높은 수준의 팀워크를 형성하는 첫 번째 비결은 자신이 무엇을 하고 있는지 정확히 알고 있다는 생각을 버리는 것이다. 당신만 옳다는 생각에서 벗어나 다른 사람들의 아이디어에 열려 있어야 한다. 다른 사람들의 아이디어나 해결책, 전략이 당신의 것보다 훨씬 우수할 수 있음을 깨달아야 한다.

고전《생각하라 그리고 부자가 되어라》에서 나폴레온 힐은 한 시카고 신문의 변호사들이 헨리 포드의 무식을 증명하기 위해 했던 질문들을 소개했다. "베네딕트 아널드(미국 독립전쟁 당시 장군 신분으로 영국군에 자진 투항해 미국인들에게 매국노의 대명사로 통하는 인물 - 옮긴이)가 누구죠?" 또는 "영국은 1776년 미국의 저항을 진압하기 위해 얼마나 많은 병사를 보냈나요?" 같은 이상한 질문들을 퍼부어댔다.

포드는 터무니없는 질문에 질렸고 참지 않기로 했다. 특히 불쾌한 질문을 던진 변호사를 손가락으로 가리키며 말했다. "당신이 방금 했던 어리석은 질문이나 내게 했던 다른 질문에 내가 정말로 대답하고 싶다면 어떻게 해야 할까요? 내 책상에는 버튼들이 있죠. 그리고 오른쪽 버튼을 누르면 내가 노력을 기울이고 있는 사업과 관련해 내가 묻고자 하는 그 어떤 질문에도 대답해줄 수 있는 지원 인력이 답을 해줍니다. 당신에게 이 점을 상기시켜드리고 싶군요."

헨리 포드는 자신이 얼마나 무지한지 알았기 때문에 크게 성공했고 혁신적일 수 있었다. 모든 것을 스스로 알려 하거나 모든 것에 전문가가 되려 하지 않았다. 대신 그는 방법이 아닌 인재를 중시했고 이 점에서 매우 뛰어났다. 포드는 다른 사람들의 관점을 환영할 뿐 아니라 적극적으로 듣고자 했다. 포드는 그의 자동차를 디자인하고, 제작하고, 생산하고, 판매하고, 유통해줄 훌륭한 인재들을 고용했다.

당신은 한 사람일 뿐이다. 아무리 명석해도 당신의 현재 견해는 매우 제한적이다. 당신의 견해와 기술을 다른 사람들의 것과 결합함으로써 당신의 사고와 결과는 극적으로 향상될 수 있다.

"기술은 점점 더 똑똑해지고 빨라지는 팀원이다."

비틀즈 멤버들이 일을 80퍼센트만 진행하는 이유

"그림에 결코 완성이란 없다. 그저 흥미로운 지점에서 멈출 뿐이다."

-폴 가드너

"80퍼센트를 추구하는 사람이 이미 결과를 얻고 있을 때 100퍼센트를 추구하는 사람은 여전히 생각하고 있다."

-댄 설리번

1967년 3월 29일 존 레넌은 런던에 있는 그의 집에서 폴 매카트니를 만났다. 그리고 링고 스타가 그날 밤에 녹음할 수 있기를 희망하면서 전날 시작했던 노래의 작곡을 이어갔다.

〈선데이타임스〉의 기자인 헌터 데이비스Hunter Davies는 그 자리에 함께 있으면서 레넌과 매카트니가 어떻게 함께 작업하는지 메모했다. 데이비스는 다음과 같이 기록했다.

"레넌은 기타를 연주하기 시작했고 매카트니는 피아노를 두드리기 시작했다. 두어 시간 동안 두 사람은 각자 연주해댔다. 각자 무아지경에 빠져 있는 듯했다. 그러다가도 상대가 무언가 좋은 것을 내놓는다 싶으면 소음 속에서 그걸 잡아채고 자신이 연주해보았다."

그날 저녁 모든 멤버가 노래를 완성하러 레넌의 집 모퉁이를 돌아 EMI 녹음 스튜디오로 갔다. 매카트니는 피아노, 조지 해리슨은 일렉트릭 기타, 링고 스타는 드럼, 레넌은 카우벨을 연주하며 스튜디오에서 몇 시간을 보냈다. 10번의 녹음 끝에 그들은 마침내 만족스러운 곡을 만들었다.

링고 스타는 친구들에게 많은 응원과 격려를 받았다. 세션의 사운드 엔지니어 중 한 명이었던 제프 에머릭Geoff Emerick은 그가 집필한 회고록《여기, 저기, 사방에 : 비틀스의 음악을 녹음해온 나의 삶》Here, There and Everywhere : My Life Recording the Music of the Beatles에서 이렇게 이야기했다.

"링고 스타가 투지 있게 보컬 임무와 씨름할 때 나머지 세 명 모두가 마이크에서 몇 센티미터 뒤, 링고 스타의 주위에 모여 조용히 지휘하고 응원했다. 비틀스 멤버 네 명이 하나가 되는 감동적인 쇼였다."

그러나 마지막 한 가지 문제가 있었다. 노래의 클라이맥스는 상당한 고음을 내야 했다. 링고 스타는 겁에 질렸고 나중에 그 고음 부분을 노래하는 데 많은 지원, 특히 매카트니의 지원이 필요했다고 말했다. 몇 번의 시도 끝에 그는 고음 부분의 녹음에 성공했다. 모두가 환호하면서 녹음이 끝났다. 그런데 그 노래의 제목은 무엇일까? 〈친구들의 작은 도움으로〉With a Little Help from My Friends였다. 용기를 내려면 격려가 필요하다. 그게 바로 팀워크의 핵심이다.

이 이야기는 창의성, 팀워크, 혁신을 잘 보여주는 예다. 이 예는 주고받으며 시너지를 내는 과정을 아주 잘 보여준다. 피드백 없이 혼자 앉아 아이디어를 완성하려 노력하지 마라. 그보다는 빨리 아이디어를 내놓는 게 좋다. 혼자 해결하지 않고 팀원들의 피드백을 받고 조정하며 진행하는 것이 훨씬 더 효과적이다.

미완성 작업물을 빨리 내놓을수록 더 빨리 멋진 작업물로 변모시킬 수 있다. 설리번은 이것을 80퍼센트 규칙이라고 부른다. 대략적인 초안 작성하기처럼 프로젝트의 80퍼센트까지는 매우 빠르게 도달할 수 있다. 하지만 80퍼센트에서 90퍼센트까지 가는 데는 0퍼센트에서 80퍼센트까지 갈 때보다 훨씬 더 많은 작업을 해야 한다. 90퍼센트에서 100퍼센트로 가는 길은 산 넘어 산이다. 그 모든 과정을 당신 혼자서 책임져야 할 이유가 없다. 적임자로서 할 수 있는 일을 한 다음 신속히 다음 적임자에게 넘겨주면 된다.

피드백을 받기 전에 아이디어를 혼자서 완벽히 하려는 시간이 길어질수록 수정과 변형 과정은 느려진다. 당신과 함께 일할 사람을 영입하라. 모든 것을 혼자 하려 노력하지 말아야 한다. 팀워크를 더 빨리 동원할수록 작업이 더 빨라지고 퀄리티는 더 좋아진다. 또한 일이 버거워 자꾸 미루는 대신 서로의 격려 속에서 함께 도전 과제를 해결해갈 수 있다.

마지막으로 불완전한 작업물을 공개하거나 내놓는 데 익숙해져야 한다. 진정한 '완성'은 없으며 '완료'가 있을 뿐이다. 완벽하게 해내려고 일을 붙들고 있는 것보다 일단 있는 일을 완료하는 것이 낫다.

> "사람들이 가장 사고 싶어 하는 것은 자신의 미래다."

완전히 공개하고 빠르게 소통하고 도움을 요청하라

"고통스러운 감정은 우리가 명확하고 정확하게 그려내는 순간 고통이기를 멈춘다."

-빅터 프랭클, 《빅터 프랭클의 죽음의 수용소에서》 중 스피노자의 《윤리학》 인용

"인간적인 것은 뭐든 언급할 수 있고, 언급할 수 있는 것은 다루기가 더 쉽다. 우리가 자신의 감정을 이야기할 수 있을 때 그것들은 덜 압도적이고, 덜 화나고, 덜 무서워진다. 우리가 그 중요한 이야기를 믿고 할 수 있는 사람이라면, 그들은 우리가 혼자가 아님을 일깨워줄 수 있다."

-미스터 로저스

목표 달성을 위해 열심히 전진하다 보면 어느 순간 막히는 시점

이 있다. 당신이 너무 어려운 방법을 썼기 때문일 수도 있고, 그저 삶이 뜻대로 안 되는 상황일 수도 있다. 그럴 때면 당신의 감정을 더 빨리 공개하는 게 좋다. 주변 사람들에게 솔직하게 털어놓을수록 상황은 더 빨리 진전된다.

당신이 힘겹거나 지쳤을 때 할 수 있는 최악의 행동은 그것을 감추고 비밀로 하는 것이다. 당신의 감정에 저항하지 않고 솔직해지면 그 감정에 덜 짓눌리게 된다. 감정을 드러내 사람들에게 알리면 오히려 그것을 다르게 볼 수 있다. 고통스러운 감정을 피하려 하면 그것은 더 큰 그림자가 되어 우리를 집어삼킨다. 대신 그 감정을 직시하면 거기서 벗어날 방법이 보이고 앞으로 나아갈 힘이 생긴다.

댄 설리번은 "모든 진보는 진실을 말하는 데서 시작된다."라고 말했다. 나는 이 책을 쓰는 동안 그 교훈을 얻었다. 이 책을 집필하는 동안 일정이 빠듯했다. 그래서 몇 주 동안 감당해야 할 작업이 좀 버겁게 느껴졌다. 하지만 그 누구에게도 진도가 안 나간다거나 버거운 작업이라고 말하지 않았다. 그냥 혼자 끙끙대다 작업을 미루고 스트레스를 받다 결국 심하게 아팠다.

마감일은 다가오는데 예정된 작업 진도에 한참 못 미쳤다. 또한 몸이 너무 아파서 작업을 제대로 할 수 없었다. 내가 처한 힘겨운 상황을 공유해야만 하는 지경에 이르렀다. 나는 터커에게 곤경에 처한 내 상황을 털어놓았다. "왜 진작 내게 말하지 않았어요?"라고 그가 물었다. 도움을 청하기가 두려웠고, 내가 모든 답을 알지 못한다는 사실을 인정하기가 두려웠다는 것 외에는 마땅한 이유가 없었다.

유감스럽게도 내가 솔직하게 소통하지 못한 탓에 팀의 목표가 위태로워졌다. 마감일은 지켜야만 했다. 그리고 우리가 원하는 시점에 이 책을 출판하려면 원고를 빨리 넘겨야 했다. 가장 먼저 해결해야 할 것은 다른 무엇도 아닌 내 감정 상태였다. 터커는 내가 왜 그렇게 감정적으로 어쩔 줄 몰라 하는지 명확히 인식하도록 도와주었다.

솔직히 나는 설리번이 좋아할 만한 책을 만들 수 있을지 걱정이 많았다. 공동 집필을 해본 적이 없었고 설리번과 함께 책을 쓰는 것은 꿈을 이루는 일이었다. 그래서 나 자신이 되어 내 방식대로 책을 쓰는 대신 온통 설리번이 이 책을 어떻게 생각할지 그 걱정뿐이었다. 이런 부담감이 내 창의력을 방해했다. 또한 이 책을 내가 원하는 대로 써도 되는지 몰라서 우왕좌왕했다.

터커는 내가 할 수 있는 최선은 내가 만들고 싶은 책을 만드는 것임을 깨닫게 해주었다. 설리번은 공동 저자인 내가 집필 방식을 전적으로 책임지기를 원했다. 이것은 내 책이었다. 내가 방식을 정해야 했다. 내가 적임자였고 내가 전적으로 책임져야 했다. 내가 쓰려고 하는 책은 다른 누구도 쓸 수 없기에 내가 적임자로 발탁된 것이다.

내게 필요한 것은 그런 승인이었고 터커는 승인받은 기분이 들게 해주었다. 승인받은 느낌 덕분에 내가 쓰고 싶은 책을 쓸 용기와 확신이 생겼다. 그리고 다른 사람이 이 책에 대해 어떻게 생각할지 너무 걱정하지 않아도 된다는 자신감을 얻었다. 다른 사람에게로 향했던 레이더가 책으로 옮겨왔다.

그뿐 아니다. 터커 덕분에 이 책을 논리적으로 구성하려면 어떻게 해야 할지 명확히 알 수 있었다. 동기부여가 되려면 앞으로 나아갈 방향이 명확해야 한다. 우리에게는 그러한 방향을 잡도록 도움을 주고 우리가 다시 움직일 수 있게 해줄 사람 필요하다. 터커는 나보다 출판에 대해 훨씬 더 잘 알았다. 그와 몇 차례의 대화를 나눈 뒤 마음에 드는 책의 구조와 구성 형태 찾을 수 있었다. 책의 구조가 정해지고 내가 공동 작업자라는 허락을 받고 나자 나는 확신을 갖고 앞으로 나아갈 수 있었다.

내가 원하는 것을 더 빨리 전달할 용기가 있었다면 일이 더 쉬웠을 것이다. 그랬다면 나 자신과 팀의 스트레스, 심적 고통도 많이 덜어냈을 터다. 하지만 설리번은 "항상 당신의 배움이 경험보다 크게 하라."라고 말했다. 나는 이 경험에서 많은 것을 배웠다. 그리고 그것을 되새겨 앞으로는 쓸데없이 과거를 반복하지 않으려 한다.

당신의 역할이나 책임, 도전 과제가 무엇이든 당신이 원하는 것을 더 빨리 전달할수록 더 좋다. 어려움에 처했다면, 도움이 필요하다면 당장 말해야 한다. 그래야 감정을 정리할 수 있을 뿐만 아니라 동기부여에 필요한 명확성을 얻을 수 있다. 또한 당신의 지인들과 팀원들이 진심으로 당신을 사랑하고 아낀다는 매우 본질적이고 중요한 사실을 깨달을 수 있다. 주변 사람들이 당신에게 얼마나 관심이 있는지, 또한 당신이 성공하기를 얼마나 진심으로 바라는지 이해하면 더욱 겸손해진다.

대개는 마음이 겸손해지고 상처받기 쉬운 순간에 이런 사실을 알게 된다. 그리고 이런 깨달음은 우리로 하여금 팀에 더욱 헌신하게 만든다. 우리가 얼마나 보살핌을 받는지 확인함으로써 우리는 팀에 더욱 헌신하게 되고 팀을 위해 일하고자 하는 자발적 의지가 강해진다. 그러면서 함께 일하는 사람들에게 도움이 될 수 있도록 정말 최고로 일을 해내고 싶은 욕구 또한 커진다.

"야망과 성공은 정당화될 필요가 없다."

우리는 모두 함께 일하는 사람들의 영웅이 되어야 한다

"성공은 행복과 마찬가지로 추구의 대상이 될 수 없다. 성공은 결과로 따라오는 것이다. 자신보다 더 큰 대의를 위해 헌신하고 자신이 아닌 다른 사람을 위해 양보함으로써 부산물로 따라온다."

-빅터 프랭클

"당신은 누구에게 영웅이 되고 싶은가?"

-댄 설리번

만약 진심으로 당신이 함께 일하는 사람들에게 영웅이 되고 싶다면 그들에게 집중해야 한다. 최선을 다해 일해야 한다. 필요한 결과를 만들어내야 한다. 만약 당신이 계산적이고 모든 상황을 자기에게 유리하게 만들고자 하는 사람이라면 단기적인 성과를 낼 수는 있다. 하지만 큰 프로젝트를 수행하는 데 따르는 여러 상황을 극복하지는 못할 것이다. 변혁적 성장을 가져오는 복잡하고 혼란스러운 상황을 헤쳐나갈 수는 없을테니 말이다.

설리번이 그와 함께 일하는 사람들에게 얼마나 영웅이 되고 싶어 하는지 목격하면서 나는 항상 감동한다. 나는 이를 직접 경험했다. 그는 내게 영웅이 되기를 원한다. 그래서 놀라우리만치 흔쾌히 나를 돕는다. 이로 인해 그와 협업하는 나도 그에게 영웅이 되고 싶은 마음이 커진다.

팀원 모두가 서로에게 영웅이 되고 싶어 해야 한다. 마찬가지로 당신도 리더로서 팀을 위해 영웅이 되고 싶어 해야 한다. 영웅이 되려는 마음이 목적이 되어야만 한다. 당신은 진심으로 비전에 관심을 갖고 있으며, 진심으로 당신의 사람들에게 영웅이 되고 싶어 한다. 여기서 영웅이 된다는 것은 무슨 뜻일까? 다른 사람에게 그가 절실히 필요로 하는 것을 줄 수 있는 사람이 된다는 의미다. 그러니 최선을 다할 것이며 헌신해서 반드시 성과를 산출할 것이다.

> **"결과를 얻는 데는 많은 시간이 걸리지 않는다.
> 시간을 잡아먹는 것은 결과를 얻지 못하는 일이다."**

=========== **Key Point** ===========

- **훌륭한 작업이 목격되는 모든 곳에서는 협업이 이루어지고 있다.**

- 당신이 모든 답을 갖고 있지는 않다. 자신의 무지를 인정하고 열린 마음으로 다른 사람의 견해와 해결책을 구하는 게 현명하다.

- 자신이 맡은 프로젝트에 갇혀 그것에만 집착하지 말아라. 빨리 피드백을 받고 앞으로 나아가야 한다.

- 툭 터놓고 솔직하게 소통하라. 필요할 때는 도움을 요청하라.

- 함께 일하는 사람들에게 영웅이 되려 노력하라. 그러면 그들도 당신의 영웅이 되려 노력할 것이다. 그리고 함께 힘을 모아 최선을 다하게 될 것이다.

제4부 **목적의 자유**

제10장

승리는 경쟁이 아닌 협업을 통해 온다

"창의적인 사람은 다른 사람을 이기려는 욕구가 아니라
성취 욕구에 의해 동기가 부여된다."

—에인 랜드

지난 20년 동안 샌프란시스코의 변호사 캐런 낸스는 그녀의 할머니 에설 레이 낸스Ethel Ray Nance의 전기를 쓰고 싶었다. 에설은 미네소타 주의회 비서 채용에서 인종 차별을 허문 공로를 국가로부터 인정받은 중요한 민권 운동가였다. 그것도 무려 1923년에 말이다.

낸스는 할머니의 전기를 출간하고 싶다는 바람이 있었고 방법이 아닌 사람을 찾았다. 궁극적으로 이런 변화는 그녀에게 목적의 자유를 확장해주었다. 목적의 자유는 삶에 대한 비전과 목적의식을 말한다. 목적의식은 자신이 하는 일에서 깊은 의미와 가치를 느낄 때 확장된다. 빅터 프랭클은 "인생은 상황 때문이 아니라 의미와 목적이 부족할 때 견딜 수 없게 된다."라고 말했다. 목적의식이 깊고 강력할수록 삶은 더 큰 의미를 갖는다. 또한 목적에 따라 살고자 노력하면 삶에 더 전념하게 된다.

그녀의 목적의식과도 관련이 있었기 때문에 낸스는 할머니의 이야기를 세상에 알려야 한다는 신성한 의무감을 느꼈다. 사실 몇 년 전 그녀는 할머니의 전기를 쓰기 시작했지만 이 프로젝트를 시작하는 과정에서 그녀는 금방 실망했다. 전기를 쓰는 일이 방대하고 엄청난 작업이었기 때문이다.

최선의 노력을 했음에도 전기를 쓰는 일은 지지부진하고 더뎠다. 가끔은 전기 쓰기에 집중하기도 했지만 대체로 뒷전으로 밀렸고 완성은 요원했다. 글을 잘 쓰지 못하거나 목적의식이 없어서가 아니다. 그녀는 온종일 바쁘게 일하는 변호사인 데다 다른 활동들이 정말로 중요했기 때문이다. 그러나 마음 한편을 차지한 할머니의 전기를 매일 생각하지 않을 수 없었다. 진도는 나가지 않았고, 언제 원고를 완성해서 출판할 수 있을지 막막한 현실에 다급함과 좌절감을 느꼈다. 그녀는 '언젠가는 완성하겠지… 5년 뒤, 10년 뒤가 되더라도'라며 마음을 달랬다.

하지만 12개월 전 이메일 한 통을 받고는 전기를 완성해야겠다는 낸스의 절박함이 커졌다. 위스콘신대학교 매디슨 캠퍼스의 역사학과 교수인 에설린 휘트마이어Ethelene Whitmire 박사가 낸스의 할머니에 관한 전기를 쓰고 있는데 추가 정보를 얻고 싶다는 메일을 보내왔기 때문이다.

휘트마이어 박사는 자신을 흑인 페미니스트 역사 전문가라고 소개했다. 또한 흑인 페미니스트이며 에설 레이 낸스의 사촌인 레지나 앤더슨 앤드루스Regina Anderson Andrews의 전기를 출판한 이력이 있다고 설명했다. 박사는 낸스 역시 전기를 쓰고 있다는 사실을 전혀 알지 못했다. 이메일에서 박사는 이미 에설의 전기를 100페이지쯤 썼다고 했다. 이 이메일을 받은 낸스의 첫 반응은 박사와 어떤 정보도 공유하지 않겠다는 것이었다.

그녀가 왜 이 여성을 돕겠는가? 그들은 서로 경쟁자인데 말이다. 낸스는 이미 200페이지가량을 쓴 상태였고, 휘트마이어 박사보다 먼저 출판하려면 서둘러 원고를 마무리해야 할 필요가 있었다. 그러나 낸스는 너무나 바빴고 연일 업무 일정이 버거울 정도로 꽉 차 있었다. 전기 마감에 대한 압박으로 마음만 다급해지고 불안과 스트레스가 커졌다. 하루하루 날이 갈수록 더 심해졌다. 자신이 그러는 동안 휘트마이어 박사의 전기는 착착 진행되고 있을 터였다. 그들은 그렇게 결승선까지 경주하고 있었다.

휘트마이어 박사는 절대 쓸 수 없는 내부 정보를 갖고 있다는 데서 낸스는 위안을 얻었다. 박사와 정보를 공유하지 않을 작정이었기 때문이다. 낸스가 할 수 있는 최선은 박사에게 정보를 주지 않고 가능한 한 빨리 전기를 마감하는 것이었다. 글을 쓰기에는 너무 바쁘고 사실 전기를 써본 경험이 전혀 없음에도 말이다.

나는 2020년 1월에 낸스를 만났고 그때 그녀에게서 이 이야기를 들었다. 그녀는 2020년 목표 달성에 도움이 되는 코칭과 지지를 받기 위해 나를 찾아왔다. 낸스는 대단히 야심 차고 영감을 주는 여성으로 미국의 인권 향상을 위해 헌신하고 있었다. 할머니의 전기는 그녀의 많은 목표들 가운데서도 정말 달성하고 싶은 목표였다. 인권 분야의 권위자로 자리매김한다는 최우선순위의 목표가 이미 있었다. 그렇다 해도 휘트마이어 박사에게 선수를 뺏기지 않으려면 할머니의 전기 출간은 2020년에 반드시 달성해야 할 목표였다.

나는 1년 안에 그녀가 의미 있는 전기를 완성한다는 것은 불가능하다고 판단했다. 그녀는 몇 년 동안 원고를 써왔지만 완성과는 거리가 멀었다. 그리고 다른 업무들 역시 점차 늘어나기만 했다. 시간이나 여력이 전혀 없었다. 그녀가 유능하지 못하다는 말이 아니라 전기 집필은 경솔하게 도전할 일이 아니라는 말이다. 특히나 할머니를 기리고 지속적인 가치와 영향을 주는 전기를 쓰고자 한다면 더욱 그랬다.

해답은 오직 한 가지뿐이었다. 낸스는 경쟁을 멈추고 협력을 시작해야 했다. 그녀는 희소성의 마인드셋을 버리고 풍요의 마인드셋으로 바꾼 후 비전을 확장할 필요가 있었다. 홀로 작업하며 모든 부담감을 떠안은 채 방법을 고민하는 대신 다른 선택을 할 수 있다. 그녀가 혼자 작업하면서 꿈꿀 수 있는 것보다 훨씬 더 나은 작업을 할 수 있는 훌륭한 적임자만 구하면 된다. 그리고 때마침 그런 적임자가 있었다. 낸스의 목표에 이미 관여하고 있던 뛰어난 역사학자 겸 전기 작가 말이다. 단지 아직 서로 마음을 맞추지 못했을 뿐이었다.

"만약 그녀와 공동으로 책을 쓴다면 어떻게 될까요?" 나는 낸스에게 물었다. 그 질문에 깜짝 놀란 듯 낸스는 침묵했다. 나는 계속해서 이렇게 설명했다.

"두 분이 협력하고 힘을 합치면 더 좋은 책이 나오지 않을까요? 그녀는 노련한 전기 작가입니다. 그게 그녀의 일이죠. 그녀는 출판사나 언론 쪽의 네트워크도 넓을 테고, 당신은 받을 수 없는 다른 지원도 받을 수 있을 거예요. 그녀와 협력한다면 당신은 더 이상 원고를 쓸 필요가 없어요. 이제껏 썼던 것만 넘기면 그녀가 알아서 할 겁니다. 현재 당신이 상상하는 것보다 훨씬 더 좋은 책이 될 거예요. 게다가 두 분이 전달자가 되면 할머니의 이야기를 더 많은 사람에게 들려주고 영향을 미칠 수 있겠죠."

너무 쉽고 명백한 해법에 낸스는 즉시 안도감을 느꼈다. 이 해결책은 그녀가 프로젝트를 진행했던 틀에서 벗어나게 해줬다. 그뿐 아니라 휘트마이어 박사와의 공동 작업은 놀라운 축복이 될 터였다. 휘트마이어 박사는 낸스가 그토록 중요시했던 주제의 전문가이자 전기 작가이며 심지어 역사 교수다. 그런 사람이 우연히도 낸스 할머니의 전기에 관심이 있다니 솔직히 낸스에게는 엄청난 행운 아닌가?

낸스는 참으로 운이 좋았다는 생각이 들기 시작했다. 이 전기는 완성된다면 그녀가 처음에 상상했던 것보다 의미와 중요성이 훨씬 더 커질 것이다.

다른 사람들이 참여할 때 프로젝트의 중요성과 영향력은 이렇듯 더 커진다. 이것은 방법이 아닌 사람을 통해 목적의 자유가 확장된 예다. 당신이 잘 모르거나 약한 부문을 대신 맡아줄 더 뛰어난 역량과 식견을 지닌 사람이 있다면 그에게 맡겨라. 그 사람을 당신이 하는 일에 참여시킴으로써 당신이 처음 세웠던 목표와 비전은 저절로 확대될 것이다. 당신의 목표는 혼자 생각하고 시도할 수 있는 어떤 것보다 훨씬 더 좋아질 것이다.

나는 전기를 공동 집필하자는 이메일을 휘트마이어 박사에게 즉시 보내라고 낸스를 재촉했다. 낸스는 이메일을 보냈고 바로 답장을 받았다. 휘트마이어 박사는 전기 공동 집필을 환영하며 완전히 열광했다. 이제 낸스에게는 협력자가 생겼다. 그것도 아주 탁월한 협력자가.

그녀는 진척되지 않는 일로 더는 압박감과 죄책감을 느낄 필요가 없었다. 더는 경쟁하거나 불필요한 불안을 느낄 필요도 없었다. 이제 프로젝트의 완성은 필연이 되었다. 게다가 공동 작업으로 프로젝트가 훨씬 좋아지고 훨씬 빨리 완료될 것이며, 무수히 많은 사람에게 전해질 가능성은 더 커졌다.

이제 낸스는 다른 긴급한 목표들에 전적으로 집중할 수 있게 되었다. 그녀는 인권에 초점을 둔 중요한 비영리 단체를 키워가는 중이고, 그 역할은 그녀의 기술과 열정에 완벽히 일치한다. 전기를 쓰는 건 그녀의 목적이었고 전기를 쓸 방법을 고심해서 알아낼 수도 있었을 터다. 하지만 그 대가는 매우 컸을 것이다. 만약 그녀 혼자 전기를 계속 썼다면 그녀가 당장 맡은 역할과 열정을 갖고 진행하던 중요한 일에 소홀해졌을 테니 말이다.

이제 타협은 없다. 그녀의 할머니 전기는 전기 집필 전문가가 멋지게 완성해줄 것이다. 그리고 낸스는 그녀가 원하는 곳에 관심을 집중할 수 있다. 두 프로젝트 모두 동시에 진척되고 진행될 것이다. 관여하는 사람이 낸스만이 아니기 때문이다.

> **"기업가들은 삶의 토대를 결과에 둔다.
> 중요한 것은 시간이나 노력이 아니라 결과다."**

자신의 목표 속에 고립되면 기회의 문이 닫힌다

"지나치게 자기중심적인 태도는 고립을 초래한다. 그 결과 외로움, 두려움, 분노가 가득 찬다. 극단적인 자기중심적 태도는 고통의 원천이다."

-달라이 라마

우리는 초등학생 시절부터 다른 사람의 도움을 받는 것은 편법이라고 배웠다. 그래서 동료들에게 도움을 청하거나 그들의 역량을 요청하는 것에 익숙하지 않다. 그러나 비즈니스 세계와 인생에서는 협업이 대단히 중요하다. 다른 사람의 도움을 얻는 것은 성공을 이루게 해줄 뿐 아니라 깊은 의미와 소속감을 준다. 삶에서 우리가 혼자 이룰 수 있는 것은 생각보다 적다.

'방법'에 집중할 때 당신은 목표 속에 고립된다. 일을 완수할 책임이 100퍼센트 당신에게 있다는 그릇된 사고가 방법에 집중하게 만든다. 이는 성실함으로 이어질지는 몰라도 궁극적으로는 현명하지 못한 짓이다. 평범한 방식으로는 수많은 일을 하고 죽도록 노력을 기울여도 그만한 보상이 따르지 않는다. 중요한 것은 시간과 노력을 기울이는 과정이 아니라 결과다. 열심히 노력만 할 게 아니라 제대로 된 결과를 도출해야 한다.

당신의 목표 속에 홀로 고립되면 관점이 손상된다. 자신과 다른 사람들의 가능성에 제한적 견해를 갖게 되며 냉소적인 사람으로 비틀린다. 다른 사람의 기여를 인정하지 않는 동시에 자기 자신의 가능성조차 과소평가하게 된다. 그래서 자신이 무엇을 할 수 있고 무엇이 될 수 있는지 제대로 파악하지 못한다. 심지어 그 범위와 가능성을 제한한다.

비전은 줄어들고 혼자 할 수 있는 것에 집중하게 된다. 다른 사람들과 잘 어울리지 못하게 되는 건 당연한 수순이다. 자신을 포함해 다른 사람들을 독단적이고 융통성 없는 태도로 보게 된다. 그렇게 하다가는 사고가 닫혀서 리더나 의사결정자로 성장할 수 없다. 리더가 아니어도 그렇다. 독선적이고 편협한 시각을 가진 사람은 누구라도 환영받지 못한다. 그렇게 되면 일에 대한 즐거움,

팀워크가 발휘하는 힘, 점점 커지는 성공을 경험할 수 없다. 나아가 자유뿐 아니라 모든 가능성이 제한된다.

당신의 목표 속에 고립되지 않게 해줄 해결책은 무엇일까? '내가 이것을 달성하게 도와줄 수 있는 사람은 누구일까?'라고 질문하는 것이다. 그 일을 할 적임자가 누구일지만 찾으면 된다.

모든 일을 혼자 하지 않는다고 죄책감을 느낄 필요가 전혀 없다. 도움을 받는다고 해서 무능하거나 실력이 없는 게 아니다. 부정행위를 하는 게 아니다. 게다가 당신의 목표와 목적을 도와주고 싶어 하는 우수하고 재능 있는 사람들은 많다. 또한 자신들의 목표와 목적을 위해 당신의 도움을 얻고자 사람들도 많다. 적임자가 있는데도 죄책감과 좌절감을 느끼며 시간을 보내야 할 이유가 없지 않은가.

자신이 잘 못하는 일에 집착해 스스로의 능력을 한정하는 대신 당신을 도울 의지가 있고 당신을 돕고자 하는 사람들을 기꺼이 받아들여라. 반대로 당신이 누군가에게는 그런 사람이 될 수도 있다. 그러고 나면 그런 멋진 사람들이 있음에 감사함을 느낄 것이다.

**"다정하게 기억될 유일한 방법은
다른 사람들의 능력을 키워주는 것이다."**

승자들은 서로 돕고 패자들은 경쟁한다

"경쟁은 패자들의 것이다."

-피터 틸

　인간은 소통하고 다른 인간들과 협력하는 능력 때문에 살아남고 번성해왔다. 그러나 사람들 대부분은 비전을 세우거나, 결정을 하거나, 리더가 되거나, 팀을 만드는 능력을 개발하지 못했다.

　지난 100년간 특히 미국의 문화는 경쟁과 그 방법을 과하게 강조하고 강요해왔다. 왜냐하면 전통적 교육 체제는 산업 모델을 뒷받침해왔기 때문이다. 학생들이 협력하고, 리드하고, 협동 작업을 하도록 가르치는 대신 모든 것을 획일화시켰다. 서열을 매기는 무의미한 시험을 치르도록 가르쳤고 경쟁의식을 조장했으며 개인의 가치를 제대로 평가하지 않았다. 자기 가치self-worth의 토대를 시험이나 과제에서 다른 개인들보다 얼마나 잘하는가에 두었으니 말이다. 이런 사실을 놓고 보면 미국 기업의 주요 문화가 협력적이기보다는 매우 개인주의적이고 경쟁적이라는 사실이 결코 놀랍지 않다.

　서던캘리포니아대학의 경영학과 교수인 데이비드 로건David Logan

박사의 연구에 따르면 대부분의 기업은 '3단계 문화'를 갖고 있다. 이 문화는 각 개인이 자신만을 위해 나서고, 동료들보다 높은 지위에 오르기 위해서라면 중상모략, 험담 등 뭐든 기꺼이 하는 내부 경쟁으로 요약된다. 팀워크와 협력을 강조하고 개인보다는 집단의 우수성과 특성에 초점을 둔 '4단계 문화'를 가진 조직은 훨씬 드물다. 실제로 비즈니스와 스포츠에서 4단계 문화는 3단계 문화보다 훨씬 더 생산적이고 더 큰 성공을 가져온다.

우리는 이미 전설적인 농구 감독 필 잭슨에 대해 살펴봤다. 그는 마이클 조던이 뛰었던 시카고 불스가 여섯 차례 우승하고 코비 브라이언트와 샤킬 오닐이 이끌었던 로스앤젤레스 레이커스가 다섯 차례 우승하도록 지휘했던 인물이다. 잭슨은 자신이 감독했던 불스는 4단계 문화를 갖고 있었다고 말한다. 그것이 시카고 불스가 새로운 역사를 쓰며 농구계를 영원히 바꿔놓았던 이유다.

레이커스도 4단계 문화였던 시기들이 있었고 그런 시기에 우승을 거머쥐었다. 하지만 종종 레이커스는 누가 공을 잡을지 또는 누가 마지막 슛을 할지를 놓고 서로 경쟁하는 3단계 문화에서 벗어나지 못했다.

브라이언트와 오닐은 서로 선두가 되고 싶어 했던 탓에 협력하는 데 어려움을 겪곤 했다. 둘 사이의 경쟁이 심해져 결국 오닐은 다른 팀으로 이적했다. 그들은 4단계 문화였던 시기에 3년 연속 챔피언십에서 우승했지만 거기서 끝이었다. 만일 그들이 한 팀에 남을 수 있었다면 브라이언트와 오닐은 챔피언십 우승을 몇 번 더 차지해 역사상 가장 우수한 2인조가 될 수 있었을지도 모른다.

헨리 데이비드 소로Henry David Thoreau 는 《월든》에서 "대부분의 사람은 조용히 절망적인 삶을 살아간다."라고 말한 것으로 유명하다. 우리는 사람들이 그런 삶을 사는 주요 이유가 협동이 아니라 개인주의적 사고를 하도록 배웠기 때문이라고 믿는다.

기술, 정보, 세계화의 급격한 변화로 세상은 기존의 사고법과 삶의 방식에서 조금씩 벗어나고 있다. 공교육 체제의 교수 방법과 원칙들 역시 다시 검토되는 중이다. 점점 더 많은 사람이 협력적이고, 유연하며, 의미 있는 일을 찾고 있다. 멘토, 교사, 파트너들과의 관계 형성에 능한 사람들은 놀라운 부와 자유를 창출할 가능성이 점점 높아지고 있다.

더군다나 기술이 빠르게 발전하면서 한때 전문 인력이 수행하던 일들이 아웃소싱이나 기계에 의해 처리된다. 아무리 기술이 뛰어나다 해도 5년 후 그 기술은 가치가 없을 수도 있다. 그러나 사람들과 관계를 맺고, 학습하고, 협력하는 능력은 오늘날 사회에서 점점 더 가치가 높아지는 중이다.

우리는 이제 한계가 많은 '방법'의 세상에 살지 않는다. 대신 기술을 포함한 '협력자'가 그 어느 때보다 더 빠르고 더 큰 결과와 더 많은 자유를 제공하는 세상에 살고 있다. 경쟁과 방법에만 의존하던 시대는 사라지고 있으며 그 결과 우리는 목적의 자유를 훨씬 더 많이 창출할 수 있다. 우리에게는 더 많은 선택지가 있다. 우리가 원하는 것을 찾고, 우리를 지원해줄 팀을 만들고, 전 세계 사람들에게 가시적인 영향을 미치기가 더 쉬워졌다.

"현재를 바꿀 유일한 길은 미래를 바꾸는 것이다."

================= **Key Point** =================

- '어떻게'에 초점을 두면 사고가 경직되고 비협조적이 된다.

- '어떻게'에 집중하면 스트레스를 받는다. 너무 바빠서 모든 것을 저글링할 수 없기 때문이다.

- '어떻게'에 집중하면 자신의 목표 속에 고립되고 진행 속도가 느려진다.

- 자신의 목표 속에 고립되면 꿈이 줄어든다.

- 경쟁은 창의적인 혁신을 방해하고 미래를 제한한다.

- 협업은 목적의 자유와 비전을 확장해준다. 다른 사람들과 함께 할 수 있는 일이 혼

자 할 수 있는 일보다 몇 배나 더 많기 때문이다.

- 협업은 집중하고 싶은 일에 집중하게 도와준다. 그리고 도움을 받는 것에 죄책감을 느끼지 않게 해준다.

- 협업은 혼자 계획하고 일할 때보다 더 훌륭하고 놀라운 결과를 가져오며 더 큰 영향력을 발휘하게 해준다. 비전을 확장해줌으로써 목적의 자유 또한 확장된다.

제11장

명확한 목적의식은 남다른 가치를 선사한다

"자신의 열정을 중심으로 인생을 구성한다면
그 열정을 당신의 이야기로 바꿀 수 있고
그 이야기를 더 큰 일, 더 중요한 일로 바꿀 수 있다."
─블레이크 마이코스키

조직심리학 박사과정 첫해인 2015년 1월 로런과 나는 삼남매의 위탁 양육을 시작했다. 그리고 세 아이를 입양하기 위해 법정에서 3년을 보냈다. 담당 사회복지사는 우리가 세 아이를 입양하는 걸 원하지 않았다. 그녀는 우리가 이 아이들을 입양하는 것을 대놓고 공격적으로 반대했다. 그녀는 우리에 대해 편견을 갖고 있었고 우리를 좋아하지 않았다. 왜냐하면 우리가 공개적으로 세 아이를 입양하려 했기 때문이다. 그녀의 관점에서 그것은 우리의 권리나 역할이 아니라고 판단한 것이다.

한번은 그녀가 법을 어기고 우리가 돌보던 아이들을 데려가 아이들의 할머니에게 데려다준 적이 있다. 아이들의 할머니는 가정조사를 통과하지 못해서 아이들을 데리고 있을 자격이 없었는데도 말이다. 몇 시간 뒤 그녀는 마지못해 우리에게 전화해서 무례한 어투로 여전히 아이들을 데려가기를 원하는지 물었다. 우리는 당연히 그렇다고 대답했다. "그럼 한 시간 후에 월마트 주차장에서 만나요."라고 그녀가 말했다.

우리는 그녀의 지시에 따라 그날 아이들을 되찾아왔다. 하지만 다시는 그런 일이 일어나지 않도록 즉각적인 조치가 필요했다. 그런 끔찍한 상황 속에서 사랑하는 아이들을 입양할 수 있을지 확신할 수 없을 때 감사하게도 우리를 도와줄 적임자가 나타났다. 그는 사우스캐롤라이나주의 법을 누구보다 잘 알 뿐만 아니라 위탁부모들의 자유와 기회 확대를 위해 법을 바꾸려고 적극적으로 싸우고 있던 입양 전문 변호사였다.

그 변호사의 이름은 데일 도브다. 그가 개입해 사건이 어떻게 변하는지 지켜보자니 놀라웠다. 도브는 주 법원에서 진행 중이던, 우리와 비슷한 사례를 여러 건 맡았다. 결국 그는 개선이 필요한 사우스캐롤라이나 법률, 특히 위탁 부모가 건강한 가정의 선택권이 없는 아이들의 입양을 적극적으로 요청할 권리에 관한 법률을

파고들었다. 그의 놀라운 변호와 법 지식 덕분에 우리는 세 아이를 입양할 수 있었다. 그것은 정말 기적이었고 우리 스스로는 결코 할 수 없었던 일이었다.

우리가 자녀를 입양하는 데 필요했던 것은 방법이 아니라 사람이었다. 우리 아이들은 우리의 목적을 변화시키고 확장시켰다. 그리고 데일 도브는 감동적이고 공감 가는 변론으로 우리가 아이들을 입양할 수 있게 해주었다.

대문호 톨킨과 루이스, 서로의 비전과 목적을 확장해주다

"혼자 힘으로 할 수 있는 일은 거의 없지만 함께하면 정말 많은 일을 할 수 있다."

-헬렌 켈러

영국의 두 작가, 존 로널드 루엘 톨킨과 클라이브 스테이플스 루이스Clive Staples Lewis는 20세기 판타지 소설계를 지배했다. 톨킨의 《반지의 제왕》과 루이스의 《나니아 연대기》는 합쳐서 3억 부 이상이 팔렸고 계속해서 현대 문화에 발자취를 남기고 있다. 하지만 그들의 우정이 없었다면 두 작품 모두 쓰여지지 않았으리라는 사실을 아는 사람은 많지 않다.

루이스의 격려가 없었다면 톨킨이 《반지의 제왕》을 썼을지 의심스럽다. 톨킨의 재촉이 없었다면 루이스는 그의 책에 깊은 영향을 미친 기독교로 다시 개종하지 않았을 것이다. 맥락을 잘 모르면 톨킨은 고독한 천재이고 《반지의 제왕》에 실린 모든 내용이 항상 그의 내면에서 꿈틀거리고 있었으며, 당연히 출판되었을 거라 가정하기 쉽다. 그러나 그것은 공상이며 무지한 생각이다. 톨킨은 루이스의 영향을 상당히 많이 받았다. 루이스가 아이디어에 자극을 주고 그 덕분에 자신감이 생겨나지 않았다면 톨킨은 그 책들을 쓰지 못했을지도 모른다.

심리학에는 기본적 귀인 오류fundamental attribution error라는 핵심 개념이 있다. 이는 대응 편향correspondence bias 또는 과잉 귀인 효과over-attribution effect라고도 알려져 있다. 귀인 오류는 사람의 행동 방식을 설명할 때 그 사람의 기질이나 성격에 기반한 설명을 지나치게 강조하는 경향을 뜻한다.

특히 개인에게 초점을 맞추는 서구 문화에서는 한 사람의 행동은 그가 어떤 '유형'의 사람인지에 따라 달라진다고 가정한다. 이런 인지적 편향은 그 사람의 기질에만 무게를 둔다. 그래서 어떤 사람에게 영향을 미치는 사회적 요소나 환경의 힘을 과소평가하고 등한시한다.

톨킨은 옥스퍼드대학교 머튼 칼리지에서 강의를 시작하고 1년 후인 1926년, 교수회의에서 동료 교수 루이스를 만났다. 그들이 처음부터 죽이 맞았던 건 아니다. 루이스는 일기에 '매끄럽고, 창백하고, 유창한 친구다. 나쁜 사람은 아니다. 그저 한두 대만 날려주면 될 뿐'이라고 톨킨을 묘사했다. 그러나 두 사람은 북유럽 신화에 대한 공통 관심사 때문에 가까워졌다.

그 후 몇 년 동안 톨킨, 루이스, 그리고 다른 몇 명은 옥스퍼드대학 캠퍼스의 '이글 앤드 차일드' 펍 안쪽의 방(래빗 룸이라고 불림)에서 비공식적으로 만나곤 했다. 자신들을 '잉클링스'Inklings라고 칭했던 이 문학 그룹은 모여서 서로의 작품을 놓고 토론하고 워크숍을 했다. 그리고 톨킨과 루이스는 그 모임에서 영감을 얻었다.

1929년 12월 6일 톨킨은 루이스에게 4,200개 이상의 구절로 구성된 그의 시 〈레이시안의 노래〉The Lay of Leithian를 읽어보겠느냐고 물었다. 요정의 세계로 탈출한 인간 베렌이 불멸의 요정 루시엔과 사랑에 빠지는 이야기를 담은 시였다. 톨킨은 4년 동안 이 시를 남몰래 쓰고 있었다. 그는 작품이 지닌 독특함 때문에 다른 이들과 공유하기가 두려웠다. 그러나 루이스는 읽어보겠다고 했다.

이튿날 루이스는 톨킨에게 열광적인 반응을 담은 편지를 보냈다. "솔직히 오랜만에 아주 즐거운 밤을 보냈다네. 친구의 작품을 읽는 데서 오는 개인적 흥미 때문만이 아니었지."

루이스는 시에 담긴 이야기를 칭찬한 후 상세한 비평과 그 외 몇 가지 세세한 불만도 곧 알려주겠다고 했다. 얼마 지나지 않아 톨킨은 시를 관통하는 주제에서부터 개별 단어의 교체에 이르기까지 매우 사려 깊고 포괄적인 피드백을 받았다. 루이스는 구체적인 수정 내용을 제안했고 시의 일부를 다시 써주기까지 했다.

톨킨은 루이스의 견해를 감사히 받아들였고 그의 제안 대부분을 반영해 시를 대폭 수정했다. 톨킨의 입장에서 자신의 작품을 루이스와 공유하고, 자신과 작품을 그토록 깊이 드러내는 것은 대단한 모험이었다. 하지만 루이스도 톨킨의 작품에 피드백을 해준 후 자신의 시를 톨킨과 공유하며 비슷한 모험을 했다. 톨킨 또한 루이스에게 실질적이고 가차 없는 비평과 피드백을 해주었다.

몇십 년 후인 1965년 톨킨은 서사 3부작을 쓰고 대성공을 거둔 후 미국 톨킨 협회 공동 설립자인 리처드 플로츠Richard Plotz에게 편지를 보내며 루이스에 대해 이렇게 적었다.

"그는 오랫동안 나의 유일한 청중이었습니다. 그가 있어서 내 작품이 개인적 취미 이상이 되었다고 생각합니다. 그러나 그의 관심과 다음 내용에 대한 끊임없는 열망을 위해 《반지의 제왕》을 결론짓지 말걸 그랬습니다."

톨킨은 루이스가 없었다면 결코 《반지의 제왕》을 완성할 용기나 자신감을 갖지 못했을 것이다. 더욱이 루이스의 피드백과 격려가 없었다면 톨킨은 그런 걸작을 쓰지 못했을 것이다. 그는 협력자가 필요했다. 마찬가지로 루이스도 협력자가 필요했다.

톨킨에게 그의 우주를 계속 그려나가라고 격려하는 동안 루이스는 신앙의 위기를 겪고 있었다. 1931년 가을 저녁, 톨킨과 잉클링스의 또 다른 동료인 휴고 다이슨Hugo Dyson은 루이스와 산책을 했다. 산책을 하면서 그들은 루이스에게 믿음을 되찾기를 종용했다. 새벽 무렵 루이스는 기독교 신앙으로 돌아가기로 결심했고, 다시 찾은 신앙은 루이스의 상상력과 창의력에 완전한 혁명을 일으켰다. 그것은 루이스의 가장 중요한 작품과 업적에 연료가 되었다.

루이스는 협력자가 필요했고 톨킨도 협력자가 필요했다. 서로가 없었다 해도 그들의 작품이 걸작이 되었을지 의문이다. 사실 그들의 작품은 전혀 알려지지 않았을지도 모른다. 서로 주고받은 격려와 지지가 두 사람의 작품에 엄청난 영향을 미쳤음이 틀림없다. 이들의 협력은 작품 활동뿐 아니라 개인적인 인생의 목적을 변화시키고 확장하는 데도 엄청난 영향을 미쳤다.

그런 격려와 지지가 없었다면 톨킨은 자신의 작품 활동을 결코 진지하게 여기지 않았을 것이다.《반지의 제왕》을 출판하는 것은 고사하고 작품 완성이라는 고된 도전에 절대로 나서지 않았을 것이다. 루이스도 혼자서는 그토록 많은 사람을 자신의 종교로 개종시키려고 노력하는 인생을 살지 못했을 것이다. 그런 삶의 목적을 결코 품지 못했을 테니 말이다. 협력자가 생기면서 그들은 많은 사람에게 다가갈 뿐만 아니라 영향을 주도록 그들의 목적을 확장할 수 있었다.

당신 또한 마찬가지다. 당신의 정체성은 고정되어 있지 않으며 현재의 경험에 기초한다. 당신의 정체성과 목적은 얼마든지 확장될 수 있다. 그 일에 도움을 줄 적합한 협력자를 통해 격려와 지지를 경험한다면 말이다. 그뿐 아니다. 특정 협력자를 당신의 현재 목표와 비전에 참여시킴으로써 그 비전은 극적으로 확장되고 발전할 수 있다.

캘리포니아에서 홀리스틱 동물병원을 운영하는 리 릭터와 그녀의 남편 게리 릭터의 예를 살펴보자. 게리는 상을 받은 수의사이며 부부의 회사는 연간 수익이 1억 달러가 넘는다. 그들이 성공한 핵심 이유 중 하나는 리가 대인 관계를 맺는 방식에 있다. 몇 년 전 그녀는 놀랍도록 재능 있는 크리시를 만났다. 크리시는 리더십 전문가 리처드 로시Richard Rossi의 초대형 행사를 진행했는데, 로시가 행사를 열면 보통 1만 2,000명 이상이 참석할 정도로 대규모다. 게리도 연설자로 나섰던 로시의 행사에서 리는 그 일을 진행한 크리시에게 주목했다.

세계 최고의 인플루언서들과 유명 인사들이 이 행사에 참여하고 연설했다. 수많은 사람이 참여한 행사에서 놀랍게도 크리시는 리와 게리를 매우 중요하고 특별한 사람으로 대했다. 리와 크리시는 금방 친구로 발전했고 연락을 주고받았다.

몇 년 후 크리시는 몇 군데 일자리에 지원한 뒤 리에게 전화를 걸어 조언을 구했다. 리는 두 가지를 근거로 신속히 판단을 내렸다. 우선 그녀는 크리시의 재능을 믿었다. 당시 크리시를 고용할 만한 직책이 비어 있지는 않았지만 자리를 새로 만들어서라도 크리시만큼 재능 있는 사람을 팀에 두고 싶었다. 둘째, 리와 게리가 하는 사업의 중심은 동물이었으며, 크리시가 동물에 대한 깊은 열정과 사랑을 품고 있음을 알고 있었다.

리는 통화하던 도중 크리시에게 이렇게 제안했다. "보험 쪽 일자리에 지원하지 말아요. 그 일에 열정이 있는 거 아니잖아요. 우리 회사로 와서 함께 일하면 어때요? 당신이 동물을 사랑하는 걸 이미 알고 있답니다. 우리 회사로 오면 당신에게 의미 있고 중요한 일을 할 수 있어요."

리는 크리시와의 통화를 떠올리며 이렇게 말했다. "그렇게 재능 있는 사람을 보면 일단 그들을 영입하고 나서 어떻게 할지 알아보세요. 크리시와 같은 사람을 위해 당신이 해야 할 일은 무대를 마련하고 그들을 그 위로 올리는 것뿐입니다."

1년 안에 크리시는 아홉 개 자회사를 총괄하는 최고마케팅책임자가 되었다. 그녀는 마케팅 재능을 발휘하는 것 외에도 홀리스틱 동물병원의 업무 전부를 변화시켰다. 덕분에 리와 게리는 다른 데 신경 쓰지 않고 동물을 돌보는 데 전념할 수 있었다. 크리시를 팀에 합류시킨 이후 게리의 열정과 목적의식은 극적으로 강화되었다. 크리시의 열정이 확산되면서 그들이 하는 모든 일에 더 깊은 의미와 중요성을 부여하고 있기 때문이다.

게다가 크리시는 게리와 리와는 전혀 다른 관점을 갖고 있다. 크리시는 현재 몇 년째 반려동물을 키우고 있기 때문에 홀리스틱 동물병원 고객들의 입장과 시각을 누구보다 잘 안다. 그녀도 고객 가운데 한 명이기 때문이다. 그녀는 반려동물을 키우는 사람들의 기분이 어떤지 알고 있으며, 그들이 무엇을 생각하고 걱정하며 신경 쓰는지도 알고 있다. 그 결과 크리시는 팀이 미처 생각해내지 못한 훌륭한 아이디어와 제안을 끊임없이 내놓는다.

모든 관련자의 열정과 목적을 향상시키는 사람을 팀에 합류시킬 때 대단히 중요한 이점이 또 있다. 새롭고도 큰일을 시도할 자신감을 준다는 것이다. 리의 경우 항상 동물 건강 관리 영역에서 '문샷'moonshot을 하고 싶었다.

최초의 문샷은 1962년 5월 미국 의회에서 발표되었다. 존 F. 케네디 대통령은 1960년대 말까지 달에 사람을 보낼 계획이라고 했다. 1969년 닐 암스트롱이 인류 최초로 달 위를 걸으면서 그 목표는 달성되었다.

이 기념비적 업적에 영감을 받아 50년 전 닐 암스트롱이 그랬듯 많은 이들이 야심 차고 혁신적인 계획을 세우고 그것을 달성하고자 한다. 이러한 이유로 세상을 바꿀 원대한 목표를 추구하고 이루고자 하는 것을 지칭하는 용어로 '문샷'이 쓰여왔다.

애스트로 텔러Astro Teller는 비밀 연구 조직인 구글 엑스의 대표이자 자칭 '문샷의 기장'이다. 그는 2010년부터 자율주행차, 구글 글라스(스마트 안경), 공중 풍력 발전기(헬륨가스를 채운 비행선에 발전기를 달아 바람이 부는 1,000피트 상공에 띄워 전기를 생산하는 장치 - 옮긴이), 헬륨 풍선을 이용해 오지까지 인터넷을 제공하겠다는 룬 프로젝트Project Loon 같은 과감한 개발 계획을 감독해왔다.

2016년 2월 텔러는 '문샷' 철학의 원칙들을 몇 가지로 정리해 제시했다. 첫째, 수백만 명에게 영향을 미치는 엄청난 세계적 문제를 해결하는 것이어야 한다. 둘째, 어설픈 조치에 머물러서는 안 된다. 문제를 영구히 제거할 수 있는 근본적인 해결책을 제공해야 만 한다. 셋째, 기술이 실제로 문제를 해결할 수 있어야 한다. 문샷은 꿈을 꾸는 데서 멈추지 않고 합리적 기대를 충족시킬 수 있을 정도로 실용적이어야 하기 때문이다.

리의 친구인 스티븐 크레인Steven Krein은 130개가 넘는 회사의 집합체인 스타트업 헬스StartUp Health의 창업자다. 크레인은 현재 의료 분야에서 아홉 가지 문샷을 진행하는 중이다. 암과 다른 질병의 치료에서부터 중독 종식까지 수백만 명의 삶을 혁신하고 향상해 줄 다양한 방법을 모색하고 있다.

크리시를 팀에 합류시키고 그녀가 회사 전체에 미치는 영향을 지켜본 리는 문샷에 관해 생각하기 시작했다. 그녀는 동물 관리 분야에 무언가 중요한 일을 하고 싶었지만 자신감이 없었다. 협업 자가 생길 때까지는 말이다.

그녀는 크레인에게 전화해서 동물 의료에 초점을 둔 문샷의 협업을 타진해보기로 했다. 크레인은 그럴 용의가 있다고 했으며, 이제 리와 게리는 꿈꿨던 것보다 훨씬 큰 프로젝트를 시작하게 되었다. 처음에는 어떤 역할을 맡길지 확신할 수 없었다. 하지만 리는 가치 있다고 믿었던 사람들에게 적극적으로 투자해서 놀라운 성과를 이뤘다. 만일 리가 투자하지 않았다면 이 중 어느 것도 가능하지 않았을 것이다.

> "새로운 상황에 들어갈 때는
> 타협할 수 없는 것이 무엇인지 알아야 한다."

그냥 벽돌공일 수도, 하느님의 신전을 짓는 사람일 수도

"나는 자유에 따르는 책임의 정도를 이해하는 사람이 영웅이라고 생각한다."

-밥 딜런

JANCOA 청소 용역 주식회사는 1972년 소규모 가족 사업체로 설립되었다. 하지만 영업팀이나 광고 없이 최근 6년 사이에 거의 두 배로 규모가 커졌다. JANCOA는 650명이 넘는 정규 직원을 두고 오하이오주 신시내티 전역의 160만 제곱미터 이상의 공간을 청소한다.

JANCOA는 신시내티 기업 청소 용역 서비스 시장의 거의 80퍼센트를 차지하고 있다. 경쟁업체들은 JANCOA의 놀라운 성장세를 보며 그들이 어떻게 일하기에 그런 결과를 내는지 어리둥절한 상태다. JANCOA의 CEO이자 공동 소유주인 메리 밀러는 성공의 이유로 무엇을 꼽았을까? 밀러는 JANCOA가 그토록 성공을 거둔 주요 이유는 직원들을 인간적으로 대하고 JANCOA를 발판으로 그들의 꿈을 실현할 수 있게 지원하기 때문이라고 한다.

JANCOA에서 하는 일의 유형은 다양하다. 그래서 직원들 가운데 교육 수준이 낮은 사람들도 많고 다른 나라에서 온 이민자들도 많다. 청소부들은 마땅히 받아야 할 존중을 받지 못할 때가 많다. 그러면 안 되지만 우리의 업무 환경상 대체로 그렇다. JANCOA를 설립한 메리와 그녀의 남편 토니가 직원들의 사정을 알게 되었을 때 JANCOA에 중대한 변화가 일어났다.

그들은 전 직원에게 직장에서의 성공을 막는 주된 문제점과 난관이 무엇인지 물었다. 그 결과 출근길 교통수단이 가장 주된 장애물임을 알게 되었다. 직원들 다수는 자기 차가 없었고 출퇴근에 어려움을 겪었다. 이런 사실을 알게 된 메리와 토니는 지역 교통 서비스와 협력해 직원들에게 무료 교통편을 제공했다. 그 결과 직원들은 출퇴근에 따르는 스트레스를 덜 받고, 꾸준히 정시에 출근할 수 있게 되었다. 출퇴근에 걸리는 시간이 줄어들자 일과 개인적 삶의 균형도 향상되었다.

메리와 토니는 직원들의 삶의 질을 매우 중시한다. 그들은 직원들의 성공을 막는 장애물을 제거하는 데 전력을 기울인다. 그들의 주된 동기는 모든 측면에서 직원들의 삶의 질을 극적으로 향상해 주는 것이다. 그래서 장애물만 없애는 게 아니라 직원들이 사명감과 목적의식을 기르도록 돕고자 애쓴다.

예를 들면 그들은 우수 직원을 특별 포상하는 행사를 열어 금전적 선물뿐만 아니라 다른 선물들도 준다. 또한 지속적인 교육과 개인의 성장과 계발을 위한 여러 가지 기회들을 제공한다. 그들은 직원들이 JANCOA를 훌쩍 뛰어넘는 큰 야망을 품기를 바란다. 그리고 직원들의 꿈과 비전을 달성하기 위해 JANCOA를 수단으로 삼으라고 권한다.

연평균 이직률이 400~500퍼센트인 업계에서 JANCOA의 이직률은 겨우 85퍼센트 수준이다. 이토록 놀랍고 중요한 차이가 나는 이유는 무엇일까? 직원들이 그곳에서 근무하기를 좋아하기 때문이다. JANCOA에는 서로를 배려하는 문화가 있다. 더욱이 JANCOA의 직원들은 그곳에서 일함으로써 더 유능하고 능력 있는 사람이 된다.

그들은 모든 직원이 신명 나고 의미 있는 삶을 창조하기 위해 JANCOA를 디딤돌로 삼기를 바란다. 메리와 게리의 목표는 직원들이 회사에서 일하는 3~5년 동안 자신들의 꿈을 실현하기 위한 기술과 능력을 계발하게 하는 데 있다. 많은 직원들이 JANCOA에서 얻은 배움과 경험을 통해 아주 성공적인 경력을 쌓아가고 있다. 이것이 메리와 게리에게는 무엇보다 중요하다.

이러한 관점과 보살핌 덕분에 거기서 일하는 직원들은 자신을 청소원으로만 여기지 않는다. 자신들이 제공하는 기본 서비스에 자부심을 느낄 뿐 아니라 자신들이 하는 일이 더 크고 중요한 일의 일부분이라고 느끼기 때문이다. 그들은 자기 일에 자부심을 느끼는 동시에 성장을 꿈꾼다.

그들은 자신이 하는 일 그 자체만 보지 않고 그 일이 영향을 미치게 될 더 큰 그림을 그린다. 그 결과 그들의 일에 더 세심하고 특별한 주의와 관심을 기울인다. 그들은 단순히 화장실을 청소하는 게 아니다. 청소를 함으로써 더 쾌적한 공간을 누리게 될 고객을 생각한다. 그들은 누군가에게 더 건강하고 행복한 삶을 선사하는 일을 하기에 자부심도 크다.

1961년 존 F. 케네디 대통령이 처음으로 NASA 본부를 방문했을 때의 일화는 유명하다. 시설을 둘러보는 동안 케네디 대통령은 바닥을 걸레로 닦고 있던 청소원에게 자신을 소개하고 그가 NASA에서 무슨 일을 하는지 물었다. 청소원의 답변은 놀라우면서도 감동적이었다. 그는 대통령에게 이렇게 말했다. "저는 사람을 달로 보내는 일을 돕고 있습니다!"

그 청소원은 단지 화장실 청소를 하는 게 아니었다. 그는 더 큰 일, 대단히 중요한 일의 일부였다. 그 청소원은 목적을 갖고 자기 일을 하고 있었다. 목적이 있으면 그 일이 무엇이든 심혈을 기울여 최상으로 하게 된다. 반면 목적이 없으면 오로지 돈을 벌기 위한 일이 되어 얄팍해진다. 최소한의 일만 하려 든다.

목적의식이 있으면 진심으로 내면 깊이 들어가게 되고 창작자가 된다. 시키니까 하거나 해야만 하기 때문에 하지 않는다. 강요와 의무를 넘어서는 용기를 갖고 일한다. 심혈을 기울여 일하며, 당신이 해결하려는 특정 문제를 진심으로 다루려 한다. 당신이 서비스하는 사람들에게 진심으로 마음을 쓴다.

세 벽돌공에 관한 우화는 이 점을 더욱 명확히 해준다. 17세기 영국의 건축가 크리스토퍼 렌Christopher Wren 경은 어느 날 그가 설계한 런던의 세인트폴 대성당을 짓고 있는 사람들 사이로 걸어갔다.

자신이 누군지 밝히지 않고 렌은 일꾼 중 한 명에게 물었다.

"무엇을 하고 있나요?"

"나는 벽돌공이라오. 가족을 먹여 살리려고 열심히 벽돌을 쌓고 있죠."라고 남자는 대답했다.

렌은 두 번째 일꾼에게 물었다.

"나는 건설자지요. 벽을 쌓고 있어요."라고 두 번째 일꾼이 대답했다.

렌은 세 번째 일꾼에게 물었다.

"나는 대성당 건축업자입니다. 전능하신 하느님을 위해 대성당을 짓고 있죠."

세 명의 벽돌공은 같은 일을 했지만 완전히 다른 목적을 갖고 일했다. 세 번째 벽돌공은 확대된 목적의 자유를 갖고 있었으며 그것은 그가 하는 모든 일을 변화시켰다. 그는 자기가 하는 일의 가치를 확대했고, 덕분에 자신은 물론 다른 이들에게도 놀라운 영향을 미칠 터였다.

JANCOA의 직원들은 그들 인생에서 최초로 자기 일에 대해 존중받고 존엄한 대우를 받았다. 그들은 기술을 배우고 비전을 높이고 이 기회를 활용해 JANCOA를 넘어 훨씬 큰 미래를 준비할 수 있게 되었다.

메리와 토니 밀러는 그들의 가장 소중한 협력자인 직원들에게 집중하고 투자한다. 그 결과 그들의 고객들은 근본적으로 다른 경험을 하게 되고 아주 탁월한 서비스와 관리를 받는다. 메리와 토니는 원대하고 혁신적인 목적을 찾았으며 덕분에 그들의 사업은 기하급수적으로 성장했다.

"천재성을 제외한 모든 것을 위임하라."

===== **Key Point** =====

- 함께 일하는 사람들을 통해서만 당신 삶에 가장 중요한 기적과 축복이 일어날 수 있다.
- 함께 일하는 사람들을 통해서만 당신의 목적과 삶이 변화되고 확장될 수 있다.
- 함께 일하는 사람들은 당신의 미래와 일에서 현재 당신 스스로 볼 수 없는 가능성을 볼 수 있게 도와준다.
- 함께 일하는 사람들은 당신의 비전을 넓히고 당신이 큰 목표들을 추구할 수 있는 자신감을 갖도록 해준다.
- 당신과 함께 일하는 사람들은 당신의 목적이 된다.

승자는 어떻게 일할지를 묻지 않고
누구와 일할지를 묻는다

"바바라가 없었으면 스트래티직 코치도 없었다."

-댄 설리번

1978년 8월 15일 댄 설리번은 파산했다. 그는 정직하게 컨설팅을 해주었는데 그의 고객 몇 명이 보수를 늦게 지불했기 때문에 벌어진 일이다. 열심히 일했는데 그에 대한 대가를 받지 못하는 것은 쓰라린 고통이었다. 설상가상으로 그는 파산한 날 이혼을 당했다.

고통스럽기만 했던 그때의 경험 때문에 설리번은 그가 무엇을 원하는지 아주 명확히 하기로 했다. 그는 '내가 원하는 것들'이라는 주제로 일지를 쓰기 시작했고, 그 후로 25년 동안 매일 그가 인생에서 원하는 모든 것들을 적어왔다.

스트래티직 코치가 사람을 통해 성장한 과정

4년 뒤인 1982년 8월 설리번은 당시 토론토에서 자신의 클리닉을 운영하고 있던 마사지 치료사 바바라를 만나 친구가 되었다. 그해 말 댄 설리번은 스트래티지 서클Strategy Circle이라는 개념을 고안하기 시작했으며 그것은 스트래티직 코치의 핵심이 되었다. 그는 그 개념을 1983년 여름까지 계속 수정하면서 개선해나갔다. 그 1년 동안 설리번과 바바라는 서로를 지지해주었고 친구로서 사업 전략을 함께 세우면서 큰 기쁨을 느꼈다.

설리번은 바바라가 사업을 성장시키는 데 도움이 되도록 스트래티지 서클 개념을 훈련시켰다. "이거 진짜 성장하겠는데요!" 바바라는 스트래티지 서클 훈련을 마친 후 감탄하며 말했다.

"당신 사업이요?" 설리번은 그녀가 마사지 클리닉에 미칠 영향을 이야기하고 있다고 생각하며 물었다.

"아뇨, 스트래티지 서클이요."

바바라는 설리번의 흥미롭고 독특하며 중요한 사고방식에 즉시 매료되었다. 그녀는 설리번의 사업이 그가 생각하는 이상으로 훨씬 영향력이 있을 것임을 알아차렸다. 또한 그녀는 설리번과 사랑에 빠졌다. 처음부터 그들의 관계는 업무 관계 이상이었다. 그들은 서로에게 정신적 유대가 형성되고 있음을 느꼈다. 그들은 경제적 측면만이 아니라 모든 면에서 서로에게 협력자였다.

설리번의 스트래티지 서클과 관련 개념들을 중심으로 설립된 코칭 회사인 스트래티직 코치를 그들이 함께 만들어가는 과정은 단순하거나 선형적이지 않았다. 그 모든 과정은 유기적이고 창의적이었다. 그들은 힘을 합쳐 회사를 만들고 계속 키워갔다. 설리번은 개념적 사고를 하는 사람이었다. 그리고 바바라는 설리번의 생각을 세상, 특히 설리번의 아이디어로 더욱 발전할 수 있는 기업가들과 공유하기를 원했다.

설리번과 함께 휴가를 떠나 케이프 코드의 해변을 거니는 동안 바바라는 큰 깨달음을 얻었다. 주의를 분산시키지 않고 설리번과 함께 스트래티지 서클에서 일하는 데 모든 노력을 기울인다면 정말 성공할 수 있으리라는 깨달음 말이다. 그리고 얼마 후 바바라는 마사지 클리닉을 다른 사람에게 넘겼다. 그 후로 설리번과 바바라는 삶의 모든 면에서 같은 비전과 목적을 갖게 되었다.

당시 설리번은 모든 일을 혼자 하고 있었고, 일이 성과를 내기 위해서는 도움이 필요하다는 걸 바바라는 알아차렸다. 바바라는 다른 '조력자들'을 데려와 그의 짐을 덜어주기 시작했다. 그 덕에 설리번은 창조적 업무에 더욱 집중할 수 있었다.

2020년 기준으로 스트래티직 코치는 17명의 코치 외에 107명이나 되는 직원을 두고 있다. 코치들은 이전에 설리번이 주관하던 회의를 진행한다. 나머지 107명의 직원들은 마케팅, 회계 등 회사 곳곳에서 다양한 역할을 한다. 스트래티직 코치는 일대일 코칭에서 집단 코칭으로 전환하는 등 여러 차례 사업적인 진화를 해왔다. 집단 코칭은 고객들이 설리번에게 덜 의존하고 그들 자신의 경험에 더 의존하는 공간을 만들어주므로 훨씬 더 혁신적이었다. 덕분에 고객들은 자신의 사고에 대해 진지하고도 깊게 생각할 수 있었다.

현재 스트래티직 코치는 여러 나라, 여러 장소에서 워크숍을 진행하며 다양한 프로그램을 갖추고 있다. 대표적 프로그램은 본인들이 성공한 기업가였으며 오랫동안 스트래티직 코치의 고객이었던 부코치들이 지도하는 초급 프로그램이다. 설리번은 10X 엠비션 프로그램10X Ambition Program과 최근에 구성한 프리 존 프런티어 프로그램Free Zone Frontier Program을 지도한다.

설리번과 바바라는 스트래티직 코치의 비전을 계속 확장해나가는 중이다. 그들에게 이 이야기의 진정한 주인공은 과거에도 현재도 스트래티직 코치를 어떻게 운영할 것인지에 관한 방법이 아니라 사람이다. 그들은 서로에게 결정적 방법들을 제공해준 특별한 조력자를 알아본 두 기업가의 아주 좋은 예다. 바바라는 직원이 100명이 넘는 회사를 이끌고 있으며 설리번은 다양한 프로그램을 만들어내는 팀을 이끌고 있다.

그들은 처음부터 방법이 아니라 사람이 중요하다는 마인드셋을 공동으로 채택했다. 그런 이유로 다른 많은 부부 기업가들이 성공하지 못한 부분에서 성공을 거두었다. 사업 파트너들이 방법이 아닌 사람이 중요하다는 사고방식을 공유한다면 그 사업의 성공은 수십 년 동안 가속화된다.

오랫동안 눈부신 발전과 성공을 누리는 기업은 언제나 방법이 아닌 사람을 중요시해왔다. 이는 기업뿐 아니라 개인들이 성과를 내는 데 있어서도 핵심적인 사항이다. 이런 기업, 이런 사람은 항상 존재해왔지만 스트래티직 코치와 이 책은 거기에 최초로 이름을 붙였다.

이제 당신의 차례다

성공한 모든 기업가들은 종종 자신도 모르는 사이에 방법이 아닌 사람을 중시함으로써 성공했다. 모든 기업은 기업가가 모든 일을 혼자서 직접 하기보다 적절한 인재를 찾아 맡길 때 더 크게 발전한다. 사람을 통해 성공을 거둔 후에는 이것이 가장 중요한 성공의 원칙으로 자리 잡는다. 그 순간 이전으로 돌아갈 수 없는 긍정적 변화가 일어난다.

방법이 아닌 사람을 중시하는 원칙의 이점은 헤아릴 수 없을 만큼 많다. 사람을 중시하면 완전히 새로운 가능성의 세계가 열릴 것이다. 시간, 돈, 관계, 목적의 자유가 확장될 것이다. 거듭 반복하지만 이것은 방법이 아닌 사람을 찾아내는 시스템을 통해 가능해진다.

방법이 아닌 사람에 집중하고 적절한 사람을 찾아 그 일을 맡긴다면 당신은 불필요하고 복잡한 결정 피로를 피할 수 있다. 당신을 가장 흥분시키고 확장해주는 것, 즉 당신의 독특한 능력을 발휘하는 데 집중할 수 있다. 당신보다 그 일을 더 잘할 사람에게 권한과 책임을 위임함으로써 당신이 가장 빛날 수 있는 곳에 당신의 시간과 에너지를 집중할 수 있다. 결과적으로 당신은 자유로워지고 놀라운 성취를 이룰 것이며 매우 빛날 것이다.

유니크 어빌리티 팀워크Unique Ability Teamwork는 함께 일하는 사람들을 활용할 대상으로 보지 않고 특별한 재능과 능력을 지닌 사람들로 보는 것이다. 함께 일하는 모든 사람이 중요하다는 것을 인식하고, 그들에게 그런 자긍심을 심어줘야 한다. 그러면 모두가 진정으로 열정을 느끼는 일을 할 수 있다. 함께 일하는 모든 사람과는 계산적 관계가 아니라 변혁적 관계여야 한다.

당신과 함께 일하는 사람은 이런 과정 속에서 더 멋진 사람으로 성장할 수 있다. 그들의 성장은 당신의 성장으로 연결될 것이다. 이처럼 당신은 한 사람뿐 아니라 훨씬 더 많은 사람을 변화시킬 수 있다. 당신은 함께 일하는 사람들에게 영웅이 될 것이며, 그들은 당신에게 영웅이 될 것이다. 그리고 그들과 함께 당신이 서비스를 제공하는 고객들에게 영웅이 될 것이다. 이렇게 되면 기업가로서 당신은 훨씬 자유로워질 것이며 그러한 자유는 성공을 확장하고 목적을 달성하는 데 필수다.

당신과 함께 일할 사람들은 당신의 비전에 끌린다. 당신의 열정과 목적, 독특한 재능과 강점을 발휘할 때 유능한 사람들이 기꺼이 찾아와 함께하길 원할 것이다. 그러기 위해서는 당신 자신에게 승부를 거는 용기가 필요하다. 과거의 당신을 뛰어넘는 존재가 되고 그 이상의 일을 할 수 있다고 스스로 믿어야 한다. 당신이 무엇을 원하는지도 규정해야 한다. 댄 설리번이 '내가 원하는 것들' 일지를 썼듯이 말이다.

당신 자신이 무엇을 원하는지 규정하고 그 소망에 동력을 공급하라. 그럴 때 목적을 실현하고 당신이 돕고 싶은 사람들에게 기여할 수 있다. 또한 사람들에게 영웅이 되어 그들이 자기 목표를 달성하게 도울 수 있다. 사람들은 영웅이 되고자 할 때 최상의 모습이 나온다. 당신은 누구에게 영웅이 되고 싶은가?

당신의 팀, 공동의 임무와 비전을 위해 협력하는 사람들에게 영웅이 되어야 한다. 혹은 당신의 일을 통해 기여할 수 있는 모든 이들에게 영웅이 되어야 한다. 그들과 관계된 모든 사람에게도 영웅이 되어야 한다.

그렇게 된다면 당신은 인생에서 정말 놀라운 것들을 이룰 수 있다. 당신은 당신이 이바지하고자 하는 사람들, 같이 일하는 사람들과 함께 가장 훌륭한 일을 하게 될 것이다. 당신의 비전을 확장하고 팀원들이 그 비전을 달성하도록 도움으로써 당신이 특별히 초점을 둔 소수의 일에만 집중할 수 있다.

당신은 당신이 원하는 사람일 수 있다.

당신은 놀랍도록 변화하고 확장될 수 있다.

당신은 동료나 고객들과 맺는 깊은 유대에 감화될 수 있다. 당신에 대한 다른 사람들의 헌신과 당신의 공헌에 대한 애정, 그리고 진정한 감사에 겸허해질 것이다. 이를 통해 당신은 인생에서 중요한 것은 사실 사람과 관계임을 깨닫게 될 것이다.

당신이 추진한 놀라운 협업과 팀워크 덕분에 예상치 못한 방식으로 거듭 변화하고 확장하는 변혁적 자아를 경험하게 될 것이다. 그 모든 것은 새롭고 더 큰 버전의 당신을 설정할 것이고, 그런 당신이 꿈꾸는 미래는 더 위대하고 멋질 것이다.

"내가 이것을 할 수 있게 누가 도와줄 수 있을까?"

이렇게 질문하는 것에서 시작하라.

이 과정에 숙달되면 상상할 수 없는 기쁨과 의미 있는 인생이 펼쳐질 테니 말이다.